本事

应对未来世界的12项永久技能

FOREVER SKILLS
THE 12 SKILLS TO FUTURE PROOF YOURSELF, YOUR TEAM AND YOUR KIDS

[澳]基兰·弗拉纳根
(Kieran Flanagan)

[澳]丹·格雷戈里
(Dan Gregory)

著

中国青年出版社
CHINA YOUTH PRESS

图书在版编目（CIP）数据

本事：应对未来世界的12项永久技能 /（澳）基兰·弗拉纳根，（澳）丹·格雷戈里著；吴晓静译. —北京：中国青年出版社，2020.5

书名原文：Forever Skills: The 12 Skills to Future Proof Yourself, Your Team and Your Kids

ISBN 978-7-5153-5948-9

Ⅰ.①本… Ⅱ.①基… ②丹… ③吴… Ⅲ.①成功心理－通俗读物 Ⅳ.①B848.4-49

中国版本图书馆CIP数据核字（2020）第025634号

Forever Skills: The 12 Skills to Future Proof Yourself, Your Team and Your Kids

© John Wiley &Sons Australia, Ltd 2019

All Rights Reserved. Authorised translation from the English language edition published by John Wiley & Sons Limited. Responsibility for the accuracy of the translation rests solely with China Youth Press and is not the responsibility of John Wiley & Sons Limited. No part of this book may be reproduced in any form without the written permission of the original copyright holder, John Wiley & Sons Limited. Simplified Chinese translation copyright © 2020 by China Youth Press

本事：应对未来世界的12项永久技能

作　　者：	〔澳〕基兰·弗拉纳根　丹·格雷戈里
译　　者：	吴晓静
责任编辑：	于　宇
文字编辑：	张祎琳
美术编辑：	张　艳
出　　版：	中国青年出版社
发　　行：	北京中青文文化传媒有限公司
电　　话：	010-65511270 / 65516873
公司网址：	www.cyb.com.cn
购书网址：	zqwts.tmall.com
印　　刷：	河北华商印刷有限公司
版　　次：	2020年5月第1版
印　　次：	2020年5月第1次印刷
开　　本：	880×1230　1 / 32
字　　数：	160千字
印　　张：	9.75
京权图字：	01-2019-5652
书　　号：	ISBN 978-7-5153-5948-9
定　　价：	59.00元

版权声明

未经出版人事先书面许可，对本出版物的任何部分不得以任何方式或途径复制或传播，包括但不限于复印、录制、录音，或通过任何数据库、在线信息、数字化产品或可检索的系统。

中青版图书，版权所有，盗版必究

献给加里和达西,我永远的家人。

献给凯莉安,谢谢你一直以来对我的支持。

目 录

前　言　在多变的世界里，我们如何寻找确定性？

　　　　第一章　变化的三维　/ 013

第一部分　创造的技能

　　　　第二章　洞察力　/ 035

　　　　第三章　转化力　/ 059

　　　　第四章　问题解决力　/ 077

　　　　第五章　灵活性　/ 093

第二部分　沟通的技能

　　　　第六章　影响力　/ 119

　　　　第七章　团队建设　/ 143

第八章　信任　/ 161

第九章　解码　/ 179

第三部分　控制的技能

第十章　自我控制　/ 201

第十一章　资源管理　/ 217

第十二章　秩序　/ 235

第十三章　执行　/ 249

总　结　267

附录一　回顾过往，以展望未来　271

附录二　当今职场的趋向　283

附录三　十年的工作和研究　291

致　谢　303

前 言
在多变的世界里，我们如何寻找确定性？

希腊哲学家赫拉克利特有句名言："生活中唯一不变的便是变。"我们对此表示怀疑。

你可能会想："这才刚开始，作者居然已经开始质疑著名希腊哲学家的重要信条了，会不会太大胆了点！"或许确实如此吧。不过本书就是要挑战那个理论（或更准确点，是挑战"唯一"这种说法），并回答类似下面的这类问题：

- 是否存在经久不衰的事物？
- 我们想要坚持的是什么？

- 若存在永久的事物的话，那会是什么？

不过也别误会——赫拉克利特的观点显然依旧是十分有用的提醒，变化不可避免，我们需要对此做好相应准备。但是，我们也认为，哪些事情从根本上不会发生改变，以及这种理解将如何让我们的后代、组织以及我们自己为未来可能发生的各种改变做好准备还是值得考虑的。

我们并非孤军奋战，我们采访并调查了全球上百位优秀的人——来自几乎所有领域的领导者、实践者、专业人士——试图发现他们在获取成功中最依赖哪些技能，以及哪些技能是他们认为从始至终都十分重要的（本书最后的三份附录将更详尽地解释我们的研究方法）。

在这一过程中，我们发现有12项技能是无论世界如何变化都将对我们有利的技能。

我们并非质疑身边存在许多变化这一事实——只不过变化的真正性质比其通常所展现出来的更为复杂微妙。

而且，我们也发现了：技术正以令人震惊的速度发展，信息则

前言 在多变的世界里，我们如何寻找确定性？

按照"点赞"的数量快速传播，甚至连我们周边的物理环境也以比之前更快的速度发生着变化。这些都在你的意料之中。考虑到大家对媒体、政治以及公司文化变化速度的关注度，你甚至可能会认为这个观点索然无味，甚至对其感到麻木。

实际上，未来学者、经济学家、企业战略家们现在都很流行用不远将来的反乌托邦观点来吓唬自己的听众，比如人工智能会代替我们的工作，算法会侵犯我们最个人的隐私，我们的孩子会由带有奥地利口音的电子人（cyborgs）抚养等：

- "你的工作已经被自动化了！"
- "你的教育已经过时了！"
- "你的工作正处于威胁之中！"
- "你落后了！"
- "你所关心的都岌岌可危！"
- "想活命，跟着我！"

这些恐惧导致了人们各种关注、分享、讨论，并造成大量的焦虑感，而且老实说，也让很多人赚得钵满盆满。

因此，面对恐慌和困惑之海，我们希望能够开出一艘平静之筏。在本书中，我们将确立技能导向的发展目标，从而使我们能够探索汹涌的变化之海，并培养相应技能去适应并超越职场发展和技术进步的旋涡。

没错，我们是生活在充满变数、技术不断更新变化的世界中，合理的生活和工作逻辑就是去接受变化的必然性。不过，我们同样认为还有一些不变的因素值得考虑：无论周围环境如何变化，都能发挥作用和力量的经久不衰的技能、品质、价值观和角色，那些能够习得、投资和培养的技能。

我们将其称为"永久技能"。

本书并不是讲幸存或安全，我们对这种最基本的要求不感兴趣。那样就太普通了，而且世界上已经有太多人活在受限的影响力和妥协的幸福之中。

我们希望您的生活能够不止"还过得去"；我们希望您的子女能够选择的是各种可能性，而不是恐惧或匮乏。

我们认为您的团队应该充满积极主动性，而不是只能忍受那些觉得是强加给他们的改变。

我们希望您是那种带领自己的员工战胜改变、做到更好的领导者，而不是在恐慌中盲目应对的领导者。

看，无论未来如何，我们都需要愿意做出积极改变并让改变变得积极的人。

我们会——历久弥新，经久不衰。

第一章 变化的三维

在考虑变化时,我们通常首要考虑的是变化中的事物。这在情理之中,因为随着大脑的进化,我们在很多情况下会将变化视为具有威胁性(且常具有充分理由)的元素。因此,我们理所当然地会对自己身边的环境、技术,甚至人的情绪中所发生的变化格外敏感。我们会对变化进行分析,做出各种假设,渴望变化能给我们带来好处,也对变化持有抱怨之心。我们还会努力对其进行预测,试图掌控变化并赶上变化——我们经常会对变化感到恐慌。

然而,变化是多维的,会产生多种影响。如果我们要使自己对"不可预知的未来"做好充分准备,需要更全面地去看待变化。

本书旨在将我们对变化的态度从害怕和恐慌转为平静接受，甚至从中获得启发。

通过过去10年在专业培训、商业战略领导力发展与创新咨询方面所进行的工作与研究，我们明确了变化的三大重要方面。我们从这三大重要方面可以了解人和企业在多变的环境中的表现，并明确他们应将重点放在技能、战略及时间和资源投入的哪些方面。

我们将这三大重要方面称为变化的三维。

变化的三维虽然彼此相关，但不同的相关会造成差异极大的结果与情绪反应。如果能将之巧妙运用，我们便能够对变化本身以及对变化的管理、激发、引导方式有更全面的认知，并且有助于消除对变化的反感态度。请记住，本书的主要目的之一就是消除关于变化的多数假设与恐慌情绪，从而使我们能够以更全面、平衡的方式或立场去对待变化。

变化的三维

变化的三维如图1.1所示：

第一章 变化的三维

（1）变化中的事物，（2）需要改变的事物，（3）未改变的事物。

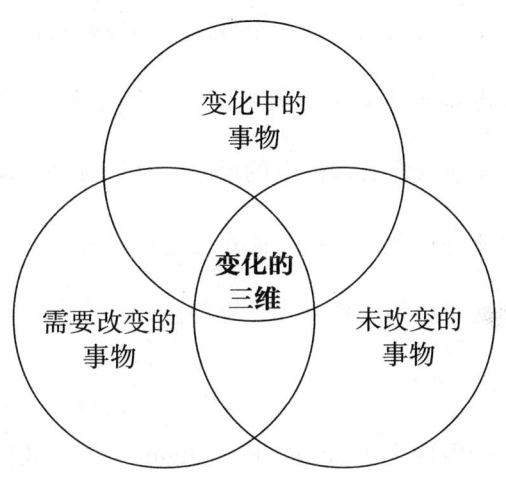

图1.1 变化的三维

变化的三维的每一个维度都至关重要，我们必须倍加关注。但事实上，它们并未受到同等关注。相反，某些方面更易获得关注，有点像20世纪70年代情景喜剧[①]中的主角。

变化中的事物（What's changing）显然是第一个也是最受欢迎的"孩子"，就如剧中的玛西亚（Marcia）。它吸引了我们绝大部分

[①] 指经典情境喜剧《脱线家族》（*The Brady Bunch*）。该剧于1969年首播，剧中讲述了有3个儿子的丧偶建筑师迈克·布拉迪与有3个女儿的单亲母亲卡罗尔·马丁（Carol Martin）重组家庭后发生的故事。——译者注

的注意力。它总是需要冒险而又事态紧急,需要立刻关注与处理。这是变化的三维中最为活跃的一个维度。当我们看待变化的这一维度时,如果不够细致(且未平衡考虑其他维度),便会认为需要立刻采取行动,不然就会有被落下的风险。这一维度驱动着商业、技术、教育和媒体等行业的发展,而正是这些行业不断发出更新迭代的信号,时刻提醒我们保持领先的重要性,让人焦虑。这是一个充满竞争性的维度。

需要改变的事物(What needs changing)源于我们对新事物的偏好以及对新的可能性的兴奋之情,它前景广阔,充满希望。这一维度可以看作是"变化家族"(the change family)中的"小婴儿",就如剧中的辛迪(Cindy)。如果使用得当,这一维度便能发挥积极的作用。它不仅能够帮助我们做出应对之策,还能够帮助我们创造出希望在自己的事业、社区或世界中看到的改变,创业家倾向在这一方面花费较多时间。

未改变的事物(What's unchanging)就是"变化家族"中的让·布拉迪(Jan Brady)!由于这一维度动静小、需求少,因此与

第一章 变化的三维

另外两个维度相比，它所受关注最少。虽然它既不像正在变化中的事物那样吸睛，也不像需要改变的事物那样令人神往，但若要对变化有全面的认识，正确看待这一维度至关重要。它能够带来不可或缺的视角，因为它能够使你对变化产生更广阔的认识，它与人类本质、永久需求和欲望息息相关。在探索变化以及为未来做准备的时候，这一维度或许是最重要的。

史蒂芬·柯维博士（Dr. Stephen Covey）在其经典著作《高效能人士的七个习惯》（The 7 Habits of Highly Successful People）中描述了著名的紧急/重要矩阵，而这个"变化家族"中的"老二"可以说是完整地分布在这一矩阵中的"非紧急但重要"（Not urgent but important）象限中。与"非紧急但重要"象限相同，"未改变的事物"并不需要即刻的关注。然而，对其投以关注便能够减少恐惧与紧迫感，并且形成个人权力与掌控的感觉。

因此，这是本书研究和访谈中最关注的观点。现已有大量关于社会发展趋势和技术进步的书籍，推荐阅读的书单中也有很大一部分比例是关注创新、必要新技能以及如何保持新变化等方面内容。

但是，本书旨在阐述哪些变化值得我们去维护、培养并加强。那么，为何变化如此重要？

未来的恐惧

从传统来看，人类在应对变化这方面做得并不好。事实上，从19世纪早期卢德分子反对织布机的兴起，到著名的"新可乐"实验失败差点毁了这个全世界最出名的品牌和企业。在我们的社会和商业历史随处可见拒绝改变的例子。

当需要向前发展时，人类似乎尤为退缩。

现今，"消息越血腥越吸引人眼球"（If it bleeds, it leads）风格的新闻报道及"另类事实"充斥的数字技术主流前所未有地加剧了这一恐惧感，导致我们对本来认为已经正确的事物进行二次猜测，从而使我们变得比原来更加多疑恐慌。

我们针对这一恐惧改变的心理对受众进行了调查。虽然这一恐惧感随着受众平均年龄的增大有增加的倾向，但我们的调查显示，这一恐惧感事实上十分普遍。实际上，我们对变化性质的描述标准

第一章 变化的三维

中产生的微小改变（如从住房支付能力的角度看待变化）便能引发恐惧感，即便是熟悉电子产品的千禧一代和Gen Z一代①也不例外。

但这远不仅仅是一种社会发展趋势或是存在性危机。苹果公司的前首席宣传官盖伊·川崎（Guy Kawasaki）在《创新的艺术》（*The Art of Innovation*）一书中表示，一旦产生技术飞跃，很少有市场领导者能够"跳出屏障"并保持领导力。

川崎注意到，居住在北部寒冷地区的制冰农民，若无法跟上工厂制冰生产，继而便会无法跟上家庭冰箱的生产与分销。自那之后，这一模式在许多产业中反复出现。

造成这一现象的原因有很多，其中最重要的原因在于，创新需要具备打破现状的意愿和能力。当你身处现状之中，且你的薪水、房租、子女的学费以及日常生活费均仰仗于现状时，要打破现状着实不易。

加剧对未来恐惧情绪的另一更具灾难性的原因在于，从恐惧中可以获取大量钱财与权力。有些产业完全是在这种人类典型的情绪

---

① 指的是20世纪90年代中期到2000年代中期出生的人。——译者注

中发展壮大的,并且它们对消除对未来的恐惧或营造一种舒适感毫无兴趣。

这些产业包括保险、政治、教育、宗教、股票市场、银行、零售等。这些产业在许多方面都对社会发挥着积极的作用,但很容易被人利用恐惧心理进行操控。

因此,如果对于多变的世界而言,恐惧通常是种错误的(或无益的)反应,那么我们还有其他选项吗?

拥抱新机遇

未来的恐惧令人烦扰,新的机遇却充满诱惑。

乍看之下,新机遇的危险系数似乎远不及恐惧。能够在改变中发现机遇当然是件好事,这种能力当然能够成为一件好事。但是,任何留过鲻鱼头(mullet,一种流行的发型)或在瑜伽课后还穿瑜伽裤的人都(也应该)知道,并不是所有趋势或机遇都值得投入。

正如我们会被变化中的事物转移注意力一样,我们同样会被可能改变或我们认为应该改变的事物所迷惑。

第一章 变化的三维

在一定程度上,许多人都是被好胜心驱使,争当第一并且打造自己想象中的未来图景。

然而,如俄亥俄州立大学石家安(Oded Shenkar)在其《模仿的力量:聪明企业如何模仿以赢得战略优势》(*Copycats: How smart companies use imitation to gain a strategic edge*)中提到,抢占市场并不就意味着收获成功。事实上,高达97.8%的创新价值会流向模仿者,而非创新者,抢先占领市场所获占比也基本如此!

这并非说对改变持开放态度或具有机遇意识始终是一种不利因素,恰恰相反。但正如变化中的趋势、工具及技术并非变化的全部,我们自己试图作出的改变也并非其全貌。

因此,比起抑制创新或限制发展策略,我们提倡更全面地看待变化,提倡对已有的事物以及我们可能失去或得到的事物给予同等关注。

反思教育与培训

当从教育的角度出发认识变化时,这一切则变得尤为重要。

这不仅符合我们个人的发展，也适用于我们对团队采用的培训方案，或是对子女的教育。

在我们整个职业生涯有幸从事过的所有行业中，极少有行业像教育行业那样能引发激情与争论。这毫不意外，因为我们都是这一产业的产物，而在这一过程中，并非所有人都乐在其中。

焦虑在教育行业中的发展趋势越来越明显，如直升机式教育，对课程内容需求的不断提高，父母们在参加家长会时越来越强势和固执己见等。

媒体经常报道并支持家长对"回归根本""教授读写算技能""重视STEM"（或其新近调整，STEAM——科学、技术、工程、艺术与数学）等方面的迫切需求。

当然，这大多是保守的，且与那些驱动全球商业、社会和政府改变的趋势相符合。

我们之所以会写这本书，之所以会将我们生活很大一部分投入到培训全球不同行业的领导者和团队中，很重要的一个原因在于，事实证明在很大程度上，仅是追赶或尝试预测未来所需或会被淘汰的技能是种有缺陷的战略。

变化的最大挑战之一在于其不可预测性，这也是未来主义者、社会人口学家和经济学家不提供"退款保障"的原因。

观察了现代教育的局限与挑战后，我们在研究中反复出现了一个想法，以自学为基础的教育新概念对我们未来可能需要的任何技能都至关重要，教育过程是终生之事。

尽管如此，正如我们将在后续篇章中进一步阐述的那样，我们的研究同时也表明存在一系列技能、品质和能力——永久技能——能够使我们配备任何新技能所需的技能框架，帮助我们适应变化并获得成功。

永久技能的三大重要领域

为了使表述更清晰，更便捷易记，我们按照三大中心主题将永久技能进行了归类。

我们在为技能归类并为其选择合适的名称时着实遇到了一些问题。在研究中，我们设想的是对适用不同行业、不同语境中的技能给出通俗易懂的阐述。我们也想开发一套易记有效的助记符，但又不希望其过于琐碎而降低其含义与凝聚的智慧。

最终，我们决定划分为三大主要类别：第一类主要是围绕复杂问题的理解、策略制定和解决的能力，这一类别相关的表述包括运用不同思维模式解决问题的能力：创造力、批判思考、洞察导图、设计、战略及情境智力。

第二大类主要围绕沟通技能，包括劝说、动员他人采取行动，积极投入，以及为某人想法获取支持的能力。

最后一类主要关于控制这一概念，包括控制自己在胁迫状态下的表现，控制自己的恐惧、成果的质量、环境（广义）以及其他因素——在建立共识、维护社会正义和预防犯罪等方面。

这三大类技能体现在我们的研究过程、人类工作和行为历史、我们当前的职场中，也体现在未来主义者和经济学家关于近期和长远未来的预测中，这也是它们具备永久属性的原因。

永久技能的三大类具体是指什么呢？

1. 创造的技能，指获得洞察力、发明、创新、解决问题并保持敏捷思维的能力。

2. 沟通的技能，指吸引、劝说并动员他人朝共同目标前进的能力。

3. 控制的技能，指对自己、自身行为、所处环境和社会共识控制的能力。

三大类的每一大类都蕴含着四种关键技能。现在，让我们一起来探索这十二项永久技能吧！

第一部分

创造的技能

创造未来是预测未来的最佳方式。

——彼得·德鲁克

永久技能的第一组为创造的技能,即创造力。

遗憾的是,即便我们将其明确为永久技能的关键一组,但大多数人实际上并不认为自己具有创造力。

你可能也是这多数人中的一个。美国Adobe公司2012年的研究发现,五分之四的人认为激发创造力对于经济增长至关重要,且有近三分之二的人认为创造力对社会而言意义重大。然而,仅有四分之一的人认为发挥了自己的创造力。

Adobe的研究与我们的经历具有一定相关性,我们时常会请参会人员中觉得自己具有创造力的人举手示意,但通常情况下,成百甚至上千人的会场中,举手的只有少数几个。

当今世界,很多人都预测机器人将会主导重复性的工作,而人类将需要承担更富创造力的工作。面对这样的世界,这一统计结果并不理想。

创造力能够帮助我们解决问题、发现做事的新方法、挑战现状,并最终推动人类前进,因此这一方面的技能尤为重要。所以,创造力是永久技能的关键组成部分,也是我们需要培养的能力。

问题是,为什么我们不认为自己具有创造力呢?

或许是因为我们觉得创造力似乎是一种不可思议的或内在固有的东西,不是我们能够通过努力实现的。想想看,那些我们用在新想法和创造力上的表达,通常是"天才之举""灵光一现""缪斯眷顾"的瞬间,或是"我刚刚想到这个主意"等。这些陈词滥调强化了认为创造力是仅有特殊的少数人才有的神秘力量或是幸运眷顾时才可能发生的极少数事件等错误想法。

虽然某个解决方案确实会像是突然冒出来的,但实际上我们已经在应对这一问题上花费了一定时间,甚至是无意识地——收集资料和分析,并尝试解决这一问题。

导致人们认为创造力是随机且变化无常的原因在于许多人并不

清楚创造力究竟是什么。在近期的一次会议中，我们有幸参加了关于企业中创造力重要性的专题讨论。其中一位讨论者是来自一家大型全球技术公司的极具智慧且高学历的高层领导，她热情地讲述了公司的员工是如何把一部分时间花在绘画、制图甚至雕塑上，以体现他们对创造力的投入，从而征服了听众。

唉……

让我们先消除对创造力的一些谬见。

创造力并非艺术力，它并不是绘画、音乐方面的能力或构思出精彩虚构故事的能力。实际上，这些事情有时（虽然并不总是）是相当公式化的重复练习。

实际上，电脑已经能够写歌、写广告词，并且也能以任何你能说出的艺术家的风格去创作出复杂的细节、随意的台词、画像和风景画，软件应用甚至还可以提供滤镜使你能够瞬间创造出"艺术"。

准确地说，创造力指的是以前所未有的方式去思考和解决问题的能力。它是创新性、适应性、灵活性、独创性与精神的流动性，是无论未来如何都能够极大助益我们成功的所有因素。

从我们的经验来看，创造力更多的是依靠训练，而非天赋，是我们能够练习和提高的东西，这使得创造力成为一种技能，一种极为重要的技能。

当涉及职场和未来角色时，在这个充满干扰的年代，我们则需要运用"应对需求的创造力"来解决看似无先例或无可复制方案的问题。

关于人工智能在未来职场中发展将会多快以及具有多大的主导地位等问题，我们存在分歧。但是，我们十分清楚人工智能将会极大地影响我们的工作。人工智能在重复性工作和处理大量信息方面极为擅长，这就使得我们认为"能够复制的东西就能够自动化"。

这意味着，随着社会对人工智能使用的增加，创造的技能将会变得更加重要。

当然，创造力的重要性贯彻始终。爱因斯坦在解释自己的探索方法时说道，他会设想自己跑得像光一样快。玛丽·居里对世界的运作方式极为好奇。爱迪生表示自己成功地发明了灯泡，但也发现了10,000多种失败的方法。华特·迪士尼也有句名言："做不可能的事也是一种乐趣。"

我们也十分确信那些发明了工具、学会了用火、发明了轮子的远古祖先们,也会高度认可创造的力量和以新的不同的方式看待事物的能力——只不过没有那么久之前的史料可引用罢了。

创造力推动进步,它使我们得以进步和提高,这也极大地表明了我们会永远需要创造力。

那么永久的创造技能有哪些呢?

通过研究,我们明确了无论面对何种变化,其自身都被高度需要的四个创造的技能:

1. 洞察力

2. 转化力

3. 问题解决力

4. 灵活性

让我们进一步细看这些创造的技能吧。

第二章 洞察力

识别、抓住机会并做出明智判断的能力从始至终都发挥着关键作用。

要想在未来得以繁荣发展，仅仅拥有信息是不够的。实际上，拥有信息并不总能走向成功，也并不意味着能够准确地预测未来。相对地，成功与否取决于能否通过创造力和判断力将信息转化为洞察力。换言之，无论我们收集了多少数据，思考仍是一个重要功能。

回想下2016年美国总统大选前民意调查者所做出的大部分预测，你可能还记得大多数预测都是唐纳德·特朗普（Donald

Trump）胜算不大，他甚至被描述为是个"边角料"。即便在大选当日，部分专家也预测他只有15%的胜算。显然，尽管他们拥有世界上最先进的信息收集技术，但结果与他们的预测大相径庭。

英国的脱欧公投也上演了相同一幕，尽管通过电脑收集了大量的数据，但预测者仍错判了最终结果。

对此，人们大为震惊。当今时代，关于这些重大事件的预测为何还能与结果如此大相径庭？

数据的诱惑

即便我们身处的时代每天产生的数据量高达2.5个五万亿字节，用电脑便可浏览数据集并判断某个工作甚至某个国家的状态，但人类行为仍旧存在不可预测性［借鉴丹·艾瑞里（Dan Ariely）2008年的优秀著作《怪诞行为学》（*Predictably Irrational*）］。

数据作用甚大（我们也十分热衷于获得尽可能多的数据），但若不将洞察力、意义构建和创造力运用于这些原始信息，数据便犹如茫茫森林里的一棵小树，这种情况下，小树的作用能有多大呢？

第二章 洞察力

换言之，没有意义的数据就只是数字而已。

使洞察力成为永久技能的关键因素如下：

- 数据需要通过意义构建来赋予其意义。
- 数据的可靠性取决于其质量、完整性和关注点。
- 良好的判断力有时须在不完美的条件中得以历练。

无论收集了多少信息，也无论数据有多么智能，我们总是需要将人类的洞察力与理解运用其上。人类还需要对其构建意义，从中创造意义，这句话中采用的动词（构建与创造）尤为重要。

这意味着我们需要能够为数字注入生命并从中促生无数成果与场景的人。运用洞察力，我们能够开发多种方式来实现我们的目标，并且在愈发复杂的环境下做出更丰富的决定。

实际上，历史上获得成功的人通常正是那些能够在已有知识及可获得的案例中促生新的洞察、设想影响与结果的人，未来也将如此。

发明照明灯罩的人并不是蜡烛匠，发明电话的人也并非电报操作员，构思出优步（Uber）打车软件的人并不是出租车司机，这些人反倒会为了维持现状而对其采取许多破坏措施。

坦率地讲，现有所有商业模式的数据可能只有在它们将被瓦解前才会确实可信，销量才可能不错（甚至可能相当好），商业模式才可能相当强劲。但是，数据很少能表明整个行业会如何进行重构。

在这种情况下，将洞察力看作"对事实所具含义的判断"是种行之有效的办法，这一表述借鉴了理查德·P. 鲁梅尔特（Richard P Rumelt）的《好战略，坏战略》（*Good Strategy/Bad Strategy*）一书。

关于数据，我们还需要记住的是，它在很大程度上是概率与可能性的游戏，因为概率并非绝对或必然。若某件事情发生概率为80%，那么它不会发生的概率仍有20%。当然，这只是简单的双结果的例子。在实际生活中，结果通常很少是二元制的。生活并非简单如一条直线，也并不总是整整齐齐。

话虽如此，但这就是我们如此喜欢依赖数据的主要原因之一，它有助于我们清理生活。

将标准偏差图或更为常说的"钟形曲线"看作数据驱动条理性的视图。在我们因解释评估或同类比较等原因使数据"变顺"前，

第二章　洞察力

数据中存在着较大的自然差异。位于数据集两端的差异较大的人或行为的相关数据通常会被抹去，而那些较小的变化则会被调整成更合人意的曲线。

当然，这条曲线作用极大。但需要记住的是，这是一种排除了极端值与异常值的对现实的美化。此外，不要忘记，推动世界进步的有时正是这些极端值。

这意味着我们始终需要将数据和信息与判断、观察、解释、逻辑、经验、怀疑、猜测，甚至是本能反应相结合，从而构建意义和创造意义。只有这样做，数据才能创造出新的想法，带来变化，推动进步，畅想尚未存在的事物。

成功人士向来熟知这点。为了能够长久地发展，这也是我们需要采取的做法。

为了提升我们的洞察力，我们应考虑将下列工具和技能加入自己的储备：（一）学习读懂信号并寻找模式，（二）注意偏见，（三）从争论的对立面考虑问题，（四）寻求理解（而非仅是分析），（五）从收集的信息中进行意义构建。

（一）学习读懂信号并寻找模式

我们所讲的当然并非看茶叶占卜（虽然心存怀疑，但人类对未来的好奇可能会使占卜成为一个永久技能）。

我们在此情况下讨论的是，只要我们足够关注便能够发现的信号。

数字未来学家及新加坡创新实验室（Innovation Labs Singapore）创始人斯考特·拜尔斯（Scott Bales）将洞察力视为他在企业经营和工作中运用的关键技能。他告诉我们，促进洞察力的因素有三个：（1）学会辨别模式，（2）将点连接或从看似无关的事物之间寻找联系，（3）争取从一个领域交叉发展至另一领域（第三章对转化力的讨论将进一步阐述这一点）。

这些方法都能使我们提高延伸阅读的能力，使我们更善于观察，从而抓住联系，以利于形成更好的理解。

"大量的思绪汹涌，我感到它们相互碰撞直到契合，或者说慢慢地稳定下来。"这是博学的法国学者亨利·庞加莱（Henri Poincaré）在其1955年的巨著《科学的基础》（*The Foundation of*

第二章 洞察力

Science）中对创造之于科学的意义的睿智评价，庞加莱认为通过辨认模式来联结想法是科学家工作的核心所在。

当然，这句关于思考的说法并不仅仅适用于科学家。杰出的投资者也知道如何"体会言外之意"。指导过全球银行合作及政府的经济学家史蒂芬·科克拉斯（Stephen Koukoulas）告诉我们："你需要懂得阅读的不仅仅是些数字。每个人获得的东西是一样的，重要的是你得出自己结论的方式。"

科克拉斯向我们讲述了一个经济学家开发了自己独特的经济测试——"牛津街测试"（The Oxford Street test）的故事（牛津街是位于悉尼一富裕郊区的高级购物地段）：当大多数经济学家习惯于较大程度上依靠图表分析时，这位经济学家却走到牛津街去看有多少"出租"的告示牌。

这位经济学家所看到的信号远不止是数字，他是通过人们的情绪、购物习惯、成功的企业及其能够被看到的领域等因素来衡量经济的波动。

同样地，"口红效应"（Lipstick Effect）也风靡市场与经济圈。

这一理论是人们通过分析信号（经济形势严峻时，口红销量上升，大件商品销量下降）得出的结果。雅诗兰黛的莱纳德·劳德尔（Leonard Lauder）根据自己的经验以及对人、销量和行业气候的理解建立起了这一联系。

澳大利亚时尚品牌Wombat（小袋熊）创始人克莱尔·珍妮弗（Clair Jennifer）选择新店的依据是"枝叶繁茂的大树和毛茸茸的狗"，这些是她衡量自己店铺成功概率的文化标准。乍听之下，你可能觉得"枝叶繁茂的大树和毛茸茸的狗"这种说法与科学探索压根不搭边，但事实上，这是一种提炼后的思考方式。事实上克莱尔所做的是阅读并追踪她的目标消费者的消费心理，然而仅凭人口信息或人口统计研究可能会忽略这点。

不过，迹象与信号并非总是如此显眼。我们需要发展自己的洞察力，超越自己的期望与信仰。与大多数技能相同，洞察力需要通过学习和努力来获得。

约翰·沃尔夫冈·冯·歌德（Johann Wolfgang von Goethe）评价道"所知即所见"。

第二章　洞察力

需要提醒的是，富有创意并产生有用的洞见很大程度上是因为我们自己具有某种偏好意识，然后努力弥补这一偏好或至少使其不会迷惑自己的双眼以致错过其他可能性。

（二）注意偏见

极具才华的安东尼·杰伊（Antony Jay）与乔纳森·林恩（Jonathan Lynn）创作了经典的BBC情景喜剧《是的，首相！》（*Yes Prime Minister*），下面是剧里的一个精彩场景。在场景中，政府官员亨弗里·艾普比（Sir Humphrey Appleby）与伯纳德（Bernard）这两个主要人物正在就一个不确定的选举投票进行对话。

亨弗里：再进行一次选举投票表明选民们反对恢复兵役就行啦。

伯纳德：他们不可能既同意又反对啊。

亨弗里：啊，他们当然可以，伯纳德……

（展示所需方法）

乌尔里先生，您是否担心失业年轻人的数量？

伯纳德：没错。

亨弗里：您是否担心青年犯罪率会提高？

伯纳德：对。

亨弗里：您是否觉得我们的综合性学校缺乏纪律？

伯纳德：对。

亨弗里：您是否赞同年轻人会希望他们的生活中多些权威和领导？

伯纳德：是。

亨弗里：您觉得他们是否会应对挑战？

伯纳德：是。

亨弗里：您是否赞成恢复兵役？

伯纳德：噢，我觉得我应该会赞成。

亨弗里：赞成还是不赞成？

伯纳德：赞成。

亨弗里：您当然会赞成，您前面都那么讲了，没办法再说反对。所以，他们并未提及前面五个问题，就只是公布了最后一个问题而已。

伯纳德：他们真的这么做了？

第二章 洞察力

亨弗里：不包括那些信誉好的，不……但也没几个信誉好的。另外，您也可以获得完全相反的结果。

伯纳德：怎么做？

亨弗里：乌尔里先生，您是否担心战争会带来危害？

伯纳德：对。

亨弗里：您是否担心武器扩散？

伯纳德：对。

亨弗里：您是否认为，给年轻人枪支并教他们如何杀人是很危险的事？

伯纳德：对。

亨弗里：您是否认为强迫人们违背自己意愿拿起武器是错的？

伯纳德：是。

亨弗里：那么您是否反对恢复兵役呢？

伯纳德：是。

亨弗里：你看，伯纳德，这是极其完美的样例，所以我们只需要把调查委托给国防部就行。请务必办妥，伯纳德。

正如所有的幽默背后都蕴含的深刻真理,该剧的编剧显然明白这类调查一般总是不完整的,通常具有一定内在缺陷并且很少是完全中立的。

但这并不是说我们就不应运用研究——恰恰相反。事实上,我们在本书的撰写过程中很大程度上依赖我们自己及他人的调查研究(见附录)。

应该说,我们只是听取了歌德的建议,留心因自己的价值观和经历筛选所产生的偏见而已。

(三)从争论的对立面考虑问题

传统创新工作坊或黑客马拉松(hackathon)[①]所存在的问题在于,大多数情况下,我们的人选不对。我们经常会选择从现状中获益的人来打破现有体系,推翻重来。我们在潜意识里是在要求他们打破自己的成就感、幸存感和安全感。

---

① 这一概念源自美国,指的是高手云集一堂,在规定时间开发出一款软件,累了或坐或卧,现场休息,做完当场交作品,被称为是"世界上最酷的开发者狂欢"。——译者注

第二章　洞察力

所有人都或多或少会被损失厌恶（loss aversion）所影响，这意味着，比起期待获得更美好事物，我们通常会更害怕失去现有的事物（做生不如做熟）。这种对失去的恐惧会成为一个牢笼，阻止我们拓展，把我们圈禁在现有之地，剥夺我们的机会。

这是我们将自己的创新工作坊改名为"风险原型"（Risk Prototyping）的原因。事实证明，这样能使各机构更容易接受，并且使团队成员参与的风险大大降低。

从根本上来讲，我们会让组织和团队去设想市场上什么东西可能对其商业模式产生威胁或取代其市场地位，这一做法旨在"预备和降低风险"。我们实际采取的措施则是训练他们去设计并创造他们害怕发生的事物，这样他们便可提前警戒并且制定相应的策略。

原因很简单："竞争者做哪些事情会让我们担心呢？"那我们就建议领导团队在其竞争者之前先行探索这些可能性。

美国国土安全局在"9·11"事件后采用相似的方式利用好莱坞的编剧为未来的恐怖袭击"制作原型"，这使军事战略家能够为可能出现的结果制订计划。这证明了即便在国家安全十分严峻的情况下，想象力也能够成为关键资本。

实际上，我们的"风险原型"过程与可能进行的创新工作坊极为相似，但最重要的一点在于两者的参考标准不同。我们是在要求大家从保护自己所知的立场出发进行创造，而不是摧毁他们自己现有的世界。

这使得团队更加开放、更加愿意参与试验，并且更能真正地去设想哪些事物可能会对他们的企业造成破坏。

这种反向思考在获得洞见、促生创意方面是极为有用的工具。

西德尼·德克尔（Sidney Dekker）教授是研究工作场所安全这一敏感领域的专家，然而与同行不同，他倾向于得出完全相反的观点。

西德尼告诉我们："关于安全的考量大多是从什么是错误的这一角度出发，而对于什么是正确的并未给予足够的关注。"他在医院里做过研究，医院总是倾向于观察发生错误时的行为，而不是关注那些取得积极成果的行为。

他发现，这并无差别，行为的本质是一样的。换句话说，不同

第二章 洞察力

的结果并非因为过程，而是因为其他因素，如态度、沟通、坦白的意愿，以及在事态不对时喊"停"的能力。

通常情况下，洞察力更多的是关于改变问题，愿意探索不同的假设或诊断，而不是产生更多信息。借鉴鲁梅尔特在其著作中的说法："在企业中，造成大多数深层战略改变的原因都是诊断的改变——对于公司现状的定义的改变。"

（四）**寻求理解**（而非仅是分析）

珀西·C. 巴克（Percy C Buck）在其1946年著作《音乐家心理学》（*Psychology for Musicians*）中写道："业余人士知其然便足矣，专业人士则必须知其所以然。"

我们需要像着迷于正在发生什么那样，执着于为什么会这样发生。换言之，我们需要追本溯源，而不是仅仅治标。

要做到这点，我们需要参与其中。

"Genchi Genbutsu"[①]这个日本短语的意思是"亲自去看看"，

[①] 日语汉字表记为"现地现物"。——译者注

或通俗地讲,就是"穿上靴子去走走",这是丰田①之道的组成部分。

在早期从事广告业担任创意战略总监时,工厂参访便是我们参与创意过程的重要组成部分。我们会仔细询问产品相关情况,观察它是怎么制作、购买和使用的。参访工厂常使我们得以观察事物,促生不同点,并明确大多数人习以为常或完全忽略的见解。

麦迪逊大道上的传奇"热店"巴克广告公司(Doyle Dane Bernbch)便是运用这一方式来设计广告头条,如"你是否好奇,开扫雪机的人是如何……开车抵达扫雪机旁的吗"这条广告语使得大众汽车得以展示其在严寒等极端天气条件下的稳定性。

《广告狂人》时代的另一传奇人物大卫·奥格威(David Ogilvy)在他自己开始驾驶劳斯莱斯后,发现"用60迈的速度驾驶新的劳斯莱斯时,你会发现最大的噪音来自自己的电子表"。他也运用了同样的方式来销售劳斯莱斯。

这种见解的体验式收集的应用远不止麦迪逊大道上奉行享乐主义的企业。

---

① 日本著名汽车品牌。——译者注

第二章　洞察力

纳塔西亚·古德博士（Dr Natassia Goode）是阳光海岸大学人类因素和社会技术体系中心的资深研究人员，她是系统思考事故产生原因方面的专家。

纳塔西亚鼓励企业采用系统思考模式来分析工作场所中的事件，而不是仅关注受伤工人的行为。她讲述了一货运公司老板恼怒地跟她讲述公司频发轻微扭伤与损伤的故事。"经理们已大致明白了问题的原因，他们不希望我再次启动这个分析，他们判断问题就在于工人太过着急了。"她对我们说道。

但是，纳塔西亚需要亲自去看看，她共事的这家公司总部和管理层与实际进行货运处理的飞机场和停机坪相距甚远，"我总是尽可能地多花点时间到工厂进行观察。"

纳塔西亚尽可能多地与流程链上的人进行对话，她对工人自身进行观察。在观察过程中，她注意到，尽管物品清楚地标注着由两人搬运，但实际上则是仅由一人搬运。于是她就这一点询问了工人，得到的回复是"人手不足啊……如果我们要赶上严格的航班截止时间，我们就只能继续一个人搬运"。

当她向管理层反馈工人人手不足的情况时,管理层告诉她,工人数量根本没有变化。随后她咨询了主管们,发现虽然员工总数未变,但固定员工的数量是有变化的,这意味着能进入停机坪和仓库的所有区域的员工数量大大减少(由于访问限制,只有固定员工才有权限进入全部区域)。临时工需要监管陪同,这就对固定员工造成了更大的压力。

"造成伤害的原因不止一个,并不是由于人手匮乏,而是由于固定职工数量不足,再加上工人们认为死板但实际上并非如此的机场体系……"没有什么是坏的,但这一系列连锁反应比"我们的员工没有做到他们应该做的"这种认知要复杂得多!

"解决方案并非是单一的,需要让更多员工拥有相应的访问权限,同时还要解决航班行程的压力与沟通问题。"

这就是理解的实践,而你应该也能从中看出其重要性。仅凭数据则无法解决货物搬运员所面临的问题,数据过于原始且单薄。纳塔西亚在多方投入后制定了解决方案。面对问题,她身体力行并且产生了自己的理解。

第二章　洞察力

如她所说，当我们将系统思考运用于问题解决时，就会发现很少会有单一的解决方案，破坏系统的通常都是预料外的变化（因此难以未雨绸缪）。

你需要亲自接近需要解决的问题。智者明白这一点，创新者也明白这一点。

（五）从收集的信息中进行意义构建

在20世纪70年代时，数据驱动的人工智能能否预料到史蒂夫·乔布斯（Steve Jobs）和史蒂夫·沃兹尼亚克（Steve Wozniak）居然能够与IBM这类公司相媲美呢？这是理查德·布兰森（Richard Branson）在2018年为Virgin.com撰稿时所思考的一个问题。显然，布兰森发现了对数据或现状背后所蕴含的意义进行解读的价值。

然后，通过将这一观察和他所在的维珍公司（Virgin）进行对比，他继续说道：

传统的航空公司标准着实令人惊叹，"这简直疯了！没用的！不要这么做！"这正是我们不让数据介入其中的原因。

换句话说，你所创造的意义胜过原始数字。当然，我们需要观察数据获取相应信息，但是我们也需要花时间去发现数据背后所蕴含的东西，思考它可以是什么，应该是什么，甚至需要是什么。

"我特别担心的是，开发人工智能的人所牺牲的是人类才能的发展。"布兰森解释道，"这使得我们从洞窟居民进化到当今现代社会所发展出来的所有本能和实践学习都退化了。"

换言之，数据并非答案，它只是输入。

我们从事物中构建意义的能力将始终非常重要，这是一种将情境、经验、相关（及非相关）类比及直觉摆上台面的能力。机器人和人工智能需要努力解决的是诸如"那又怎样"及"如果……会怎样"这类的问题。

意义构建并不容易，它需要花费大量精力去设想和探索各种可能性，并将各种输入集合得出结论，形成明确的判断，做出有力的决策。听上去简单，但需要考虑的事项极其烦琐。

这是在商业中引用案例研究以及在书中分享故事的问题之一。当你从故事相对舒适的结局来看待问题时，一切总是显得如此单

第二章 洞察力

一、明显和简单。

为了简洁,故事总是会省略困惑和过失,而当故事被缩减成只有一两段文字的时候,其中所蕴含的不确定性似乎就没那么重要了。因此最终意义的形成变得如此轻而易举,以致我们低估了创造该意义实际所需付出的努力。

让我们来看看随身行李箱(即带轮子的衣箱)的案例。这似乎是件无须费脑的事,但当年我们都登上月球了,还没想到怎样将轮子装在衣箱上。

1970年,当伯纳德·D.沙度(Bernard D Sadow)用力提着两个非常重的箱子穿过机场时,他看到了一重型机器正用一滑轨装载着轻松地在机场穿行。他对妻子说:"我们也应该在衣箱上装上轮子。"(这便是问题与外部输入的完美碰撞。)

他将沉重的衣箱拖回家后创建了一个原型,当然,他成功了。不过这一想法的获取比你所设想的要缓慢得多。事实上,又过了17年时间,我们今天所熟知的上带伸缩式把手、下带滚轮的行李箱样式才得以发明并投入市场。

顺带一提，启动这一商业化的先行者显然是在低效地拖了好几年衣箱之后才抵达了一个突破点，他们当然也是具备一定"经验性见解"。

今天的我们压根无法想象没有滚轮的沉重行李箱该如何使用。许多人可能会认为自己能够轻松地解决这一问题，但实际上，仅是注意到箱子搬起来很重是不够的——它还需要具有洞察力，能够意识到这是个机会。

我们的大脑是满载有用智慧的数据库，但它需要洞察力才能将这一"内部信息"转化为全新的发现。

我们的好友皮特·库克（Peter Cook）是"思想领袖"（Thought Leaders）的首席执行官，该组织旨在帮助聪明人成为具有商业嗅觉的人。

他讲述了自己和妻子翠西（Tirsh）一起去滑雪的故事。他们俩现在都很擅长滑雪，但皮特向我们打包票说"翠西滑得比我好多了"。

在一次滑雪度假时，他们参加了一高级滑雪课程——主要是滑

第二章 洞察力

雪教练员进行的培训。

在准备工作中,他们需要对一系列不同的项目(滑雪回转、跳跃、陡坡等)进行评级。

当皮特向他们的指导提交其自我评估时,他还有点不好意思地表示,虽然翠西绝对是名实力雄厚的滑雪者,但他的分数还是比翠西高一点。

不要担心,指导员说道,我们通常都会降低男学员的自我评估,提高女学员的自我评估。

除了在性别期待和相对自我信念方面的遗憾状态外,这一故事同样表明了洞察力的作用。滑雪教练显然经验十足、眼光老到,不会仅凭提交的数据做判断。尽管可能不够完备,但他们已形成了他们自己的评估体系来使表现和结果更可靠,大大降低其危险性。

这是实践中意义的构建,并非单纯地相信数据,而是将数据加入了自己的理解、经验和直觉。

最后，数据极具价值，但仅凭数据很少能够完整描绘现实。创造数字背后蕴含的意义，战胜我们自然的偏见，运用我们的判断和经验亲身体验、亲眼去看，超越数据，将数据作为一种输入，而非最终答案，这一切才是至关重要的。将原始数据转化为意义和价值的能力将会是我们永远需要的一种技能。

第三章　转化力

转化力总是与我们息息相关：将种子转化为面包，将煤炭转化为能源，以及将想法转化为创新。

许多年前，当哈里（Harry）、赫敏（Hermione）和罗恩（Ron）[①]还只是英国普通的学前注册时会听到的普通名字时，人类分享着秘密的谣言，进行私下的试验并搜寻古老的文字——都是为了追寻点金石。

当然点金石就类似于《哈里·波特》小说中同名的虚构之物，

[①] J. K.罗琳的小说《哈利·波特》里三位主人公的名字。——译者注。

但它却影响了现实世界中一代又一代的人。

对点金石和炼金术的描述可追溯到上百年甚至上千年前的古希腊、中国、印度和埃及。一直以来炼金师、原始科学家及寻宝猎人都着迷于这一红色粉状物质，据说它能将基础金属转化为金子！

事实上，无论是出于贪婪之心亦或是对知识的渴求，这都帮助点燃了科学革命，而这一革命最终使炼金术和点金石的故事成为书本中的童话，而将科学提升至它现在所享有的受人尊重的地位（至少在世界的部分地区是如此）。

除了能够按需生产金子外，炼金术的故事令人着迷的地方还在于转化力这一概念：能够将某物从生命的一个维度转化到另一维度，并通过这一转化增加其价值，丰富人类的生活。

转化这一技能并未消逝在时间的长河之中。实际上，这种对变化、适应、重构、重塑及重新阐释的追求一直以来都极具意义。

我们将原材料（甚至是原始想法）转化为商业资产或社会制度的能力在当下依旧能够定义成功。而且当今世界，由于人们的消费偏好使自然资源的供应需要某种程度的延伸，因此人们也将永远需

第三章 转化力

要转化技能。

罗利·沙瑟兰（Rory Sutherland）在其一次臭名昭著的TED演讲中推断，我们将概念和想法转化为具有商业价值资产的这一能力或者叫"无形价值"，是环境保护主义的终极方式。如果转化仅发生在创造者与其服务对象之间，那么就没有资源需要进行挖掘、收获或砍伐了。

让转化力成为永久技能的关键因素如下：

● 产品、服务及工具易改变，但它们所满足的情绪和心理需求通常会继续保持。

● 商业模式的创新和改变经常是从行业或领域外寻找灵感的结果。

● 回收和升级改造总是围绕在我们身边，且从环保和可持续的角度来看，它们的重要性也在不断提高。

但是，即便转化这一技能的历史堪比人类历史本身，在这个技术使我们对各种引发惊奇的事物产生免疫的时代，极可能忽略其日益增长的重要性。比起从已有的事物背后寻找机会，我们更易被新事物吸引。

要更好地提高转化力,我们可以采取如下措施:(一)寻找大主题,(二)转移、融合、宏观化,(三)保持广泛的兴趣和非凡的好奇心,(四)创造意料之外的融合,(五)学着像孩子一样重新确定目标。

(一)寻找大主题

当你适应了普遍的情况,无论是什么任务,无论任务多么微小,你都不会再次浪费自己的时间。"堆柜子可教会你效率。"经济学家史蒂芬·科克拉斯(Stephen Koukoulas)如是建议。

成功人士总在寻找能够学习的经验并将其另作他用。从某种程度上来说,他们是终极回收者:不会浪费任何经验。他们总是在思考:"我可以从中获得什么?"

当然,本书均是关于技能的"大主题",这一话题本身也需要具备转化的能力。

不同的经济学家或未来学家认为,当代人在一生中的工作、事

第三章 转化力

业以及就业的雇佣单位的数量大不相同,再加上创业和"零工经济"的发展,那些数字就可以四舍五入,忽略不计了。

无论这些估测是否正确,可以确定的是,未来的工作场所与我们现知的工作场所将不再相同。我们可能会运营多个项目并承担多种角色和职责,而不是连续多年从事单一的"职业"。

这意味着能否获取关键概念、经历、技能,并将其重新运用于新的情景、应用和角色之中变得至关重要。

能够提升到一定高度并明确某一问题的更宏大的主题或语境通常是解决问题的第一步——尤其是当其他人都迷失在问题的琐碎之中时。

关于这方面的代表性案例便是英国大欧盟德街医院(Great Ormond Street Hospital)与法拉利之间的合作。

20世纪90年代,该医院在不同部门间转移病人方面遇到了问题,例如从手术室运回特护病房。

这家医院以高标准护理和人才专业性而闻名全球。然而尽管它的医生、护士、管理人员等素质很高,还是无法将失误率降到他们认为可以接受的标准之内。

但是，比起迷失在流程的琐碎之中，他们意识到自己所面临的大主题并非特定的手术或医疗护理，而在于迅速、准确、紧急的传送。

因此，他们采取了大多数医疗专业人士在无法解决问题的情况下会采取的措施：聘请专家。在这一案例中，他们找的是一位法拉利F1赛事的后勤人员。

该后勤人员负责的传送步骤看起来就类似医疗人员之间的传送，他们迅速明白了自己在传送中缺失的角色：招呼车辆进入并协调休息站的"交通纠察员"这一角色。这一角色后来分配给了麻醉师。

结果如何呢？在新的传送方案之前，病人设施与信息错误率高达近30%；实施新方案后，错误率降至10%。

从这一合作中我们可以看出，正确地认识所要解决的某个问题（或多个问题）的类型至关重要。它可能是效率的问题，或沟通的失误，甚至是时机的挑战。关键在于，对问题进行重新定义会极大地影响可能产生的策略及解决方案。

第三章 转化力

如果你能发现其中的模式并明白自己需要将创意运用到哪个大主题,那么你就会清楚从何寻找影响力、想法和解决方案。

(二)转移、融合、宏观化

在流动性更强的工作场所中,硬技能并不总能轻易地进行转移——但许多其他技能转移可能更为容易。

例如,我们的一个友人在进入广告业前曾在律师行业从业多年。许多人可能有点惊讶,觉得这两个职业毫不相关,但看一下这两个职业的共同点,你便会发现这一步跨度也并没有那么大,无须那么惊讶。

这两个职业均是运用事实、情绪和说服力来做案例,两者均需要使客户采纳你的建议,并且与其一道达成他们希望的结果。相似之处一直都在那里,但只有当我们具备了从特殊中寻找共同点的技能并运用转移、融合、宏观化等工具时才能发现。

迪克兰·科非伊(Declan Coffey)虽然此前从未计划从事IT(信息技术)这一行,但现在他是DXC技术公司高层领导团队的一员。

在担任这一技术公司领导职务之前,他是英国约翰·路易斯零售店的成员,后来辞职去追求自己的艺术。事实上,他踏入IT这一行也纯属偶然。他在酒吧里撞到了(真的撞上了)一位IT业的领导者,然后一起喝酒的时候对方便给他提供了工作机会,于是他便开始了一流的IT事业。用他自己的话说就是:

我就是在向刚遇到的IT公司的人询问关于企业的事情,并尝试将他面临的挑战和我在零售业学到的知识联系起来。我正在跟他说我的想法时,他说道:"来我公司工作吧。"我当时对IT一无所知,他们很长一段时间也不知道该让我干吗,但最终都搞定了。

由于科非伊具备一定能力来判断可跨行业转移的事项,因此他能够将技能从某一行业转移至另一行业。

在转移的实践中,起关键作用的是"融合及宏观化"的工具与技能,即跨界转移和识别共同点的能力。

在广告业、出版业和奢侈品行业工作多年后,NET-A-PORTER[①]的共同创始人梅根·昆恩(Megan Quinn)开始从事清洁业务。"我

---

① 英国的全球著名时尚奢侈品电商。——译者注

第三章 转化力

对清洁一无所知。"她对我们如是说。

事实上,我一开始是将Partners in Grime①作为一个挑战。我是在企业中成长的,因此我总是高度认可任何行业的客户服务、员工忠诚度与活力、超越预期、不断进步甚至是幽默感,包括清洁业。我将同样的经验教训运用到NET-A-PORTER这一品牌中,我们竭尽全力使我们的客户感到与众不同。

昆恩知道他们的这个专营业务的初创公司无法复制奢侈品零售店的客户体验,例如帅气的门卫、更衣室里的香槟以及别致的室内装潢和服务体验。

我们就想让大家不去这些漂亮的商店就能获得那些服务和产品,但通过电脑的话我们要怎么才能做到呢?

所以她便采取逆向思维,思考什么是顾客在店里无法获得的,并采取典型客户服务对其进行分类,并设计了标志性的包装。

昆恩是宏观化和融合的大师,"宏观化"是对大主题和概念进行辨别、复制并运用到不同场景和范围的能力,而"融合"是将不

---

① 清洁公司的名称,意思是"脏污的伙伴"。——译者注

同的技能、输入和不同来源的想法混合成清晰连贯的新想法的能力。

维亚康姆（Viacom）前联席总裁、MTV创始人汤姆·弗雷斯顿也有相似见解："创新就是将已有的两样东西以新的方式进行融合。"

那么，我们如何培养自己的融合和宏观化能力呢？

（三）保持广泛的兴趣和非凡的好奇心

史蒂夫·乔布斯曾对书法感兴趣，当时他从大学退学后在里德学院时曾沉迷于此。我们现在处理文档和制作幻灯片时能够使用各种字体很大程度上得益于此。彼时，这一兴趣的相关性和作用并不能立刻显现，但现在我们对此已习以为常。

与此类似，乔治·麦斯托（George de Mestral）最初也并非企业家，而是一名喜欢户外运动的电子工程师。然而当他某天出门参加户外运动时，他被粘在他裤子上的刺果引发了好奇之心。

回到家后，他用显微镜对其进行了细致的观察。他发现了刺果上面布满了钩刺，他认为可以运用人造材料来复制这一钩刺。这一好奇心的简单实践创造了尼龙搭扣（以及维可牢尼龙搭扣公司），

第三章 转化力

这一发明创造销售全球,并且每年创收约达1亿美元。

不过,麦斯托的旅程并非像短短两段内容便能复述的那么简单,这一发明用了多年时间才得以开花结果,但他的好奇心是这一创造性发明的催化剂,他的这一发明使得许多父母从每天孩子因为鞋子"太紧"或"系不上"的哭闹和愤怒之中得以解脱。

这一从广泛的经验中进行总结的能力极大地影响了鞋带和拉链产业。

当你发现此前未曾发现的关系时,便会产生概念性的突破,这是归纳法的一种。那么这是如何发生的呢?我们认为,概念性突破的促因通常是因为类似的经历。

对我们大多数人而言,教育和技能组合通常会越来越深入,越来越局限,而这样就会缺乏"无关刺激因素",进而会限制我们的创造力。

如果你也像我们一样是电影《阿凡达》(*Avatar*)的粉丝,那么你便知道它的创造者詹姆士·卡梅隆(James Cameron)是资深深海潜水爱好者,并且在15岁的时候就对雅克·库斯托(Jacques

Cousteau）非常着迷。

在2010年的TED演讲中，卡梅隆与大家分享了对潜水的热爱与对他的事业产生的影响。他向听众讲述了在制作《泰坦尼克号》时，他宣称潜探沉船能够成为不错的公关素材，并且可以获得更多广告和票房，从而刺激、说服好莱坞资助他去海底一探究竟（主要是因为他非常想要亲眼看看）。

这是探险，是好奇，是想象……这是好莱坞无法给予我的一种经历。

在水下乘坐机器人运输器飞越泰坦尼克号残骸的这种探索经历，和卡梅隆生活经历的这种独特结合对《阿凡达》的制作方式产生了关键性的影响。

它真正让我意识到了这种远程呈现体验——你可以真正拥有这些机器化身，然后你的意识被注入到这一运载工具中，注入到这种另类的存在形式之中。

好奇心让我们能够收集自己预期外的想法，并且战略性地产生某种"随意性"。让我们培养好奇心，广泛地进行探索，并且对自

第三章 转化力

己直接工作之外的事物产生兴趣吧。

这些兴趣与好奇心能够让你脱颖而出并且确保你将会是能够准确呈现的唯一的人（有些东西是机器人很难取代的）。

（四）创造意料之外的融合

"创造力仅仅是联结事物，"史蒂夫·乔布斯评价道，"当你问那些富有创意的人是如何做到某事的时候，他们可能会有点不好意思，因为他们并不是真的去做，而仅仅是发现了一些东西。"

通常情况下，创造力着实与其文字本义的起源无关，而是在现有的想法与思考基础上，以新的独特方式融合产生了对眼前事物的全新看法时才得以发现。

事实上，在讨论创造力时，顾虑起源可能会成为一种干扰。创造性想法的成功通常与其是否是新的无关，而更多地是关于其是否有用（或有益或令人向往）。

根里奇·阿尔舒勒（Genrich Altshuller）在担任俄罗斯专利审查员期间，他的绝大多数时间都是花在分析专利上面——成百上千的专利。他发现了（除了创造了一种创造性问题解决理论之外）最成功的商业专利通常都是将已有事物以前所未有的方式进行组合。

威廉·伊恩·比德莫尔·贝弗里奇（William Ian Beardmore Beveridge）在他的《科学调查的艺术》（*The Art of Scientific Investigation*）一书中同样也评价了这一现象："创意通常包含在两个及以上事物或想法间寻找此前未有的联系或相似之处。"

当我们与马丁·麦凯（Martin Mackay）这位出生于英国的美国技术巨头公司亚太地区总监坐下来对话时，这也是我们所选的主题。马丁认为，融合不同的输入，将无关的想法和人置于共同的空间，以一种意料之外的方式来改变自己的经历，这是他作为领导者成功的关键所在。"我将之称为勃朗代方式（Blondie approach）[①]。"他解释道，"就是创新专辑《平行线》（*Parallel Lines*）的乐队名称！"

换言之，如果我们要创造前所未有的事物，博览群书、经验丰富是一方面，同时保持开放，并且真正努力让自己去接触意料之外

[①] 此处采取音译。Blondie（金发女郎）是《平行线》这张专辑的乐队名称，其主唱为一名金发女郎。——译者注

的事物之间的融合是另一方面。

（五）学着像孩子一样重新确定目标

对于孩子而言，任何他们能够接触到的非生物都可能会发展成为任何事物。一根小木棍可以变成一支机械枪或魔法棒，一个纸箱可以变成一间树屋或装备火箭的舰船。

当还是孩子的时候，我们都能凭直觉将事物和想法的用途进行重新定义，但长大成年后，我们的这一天赋却渐渐地退化了。

在与我们睿智的朋友、未来主义者、金融技术专家及银行界异类布莱特·金（Brett King）交谈时，我们谈及了这一话题。

"我们一直以来都需要转化这一技能。"金如是建议道。

在狩猎采集时代，我们将野生动物转化成肉。

在农耕时代，我们将种子转化为面包和其他碳水化合物。

在制造时代，我们将原始资源（铁和煤）变成了有形资产。

现在，我们则是将信息转化为无形资产。

这种在获得某物后思考它能作何其他用途以及思考我们能将其

变成其他什么东西的能力，对于创造力而言是极其有力的工具。

事实上，当今占领头条的商业成功事例就是转化力的典型案例，将未被充分利用的资源转化为有用的东西，例如优步、爱彼迎、Airtasker[①]、易集上面的许多制作者，甚至是Tinder[②]（看起来似乎人类自身也可能未被充分利用）。

转化、重塑、改变是提升创造力的有力工具，不仅能够创造价值和提升效用，还有助于减少浪费。此外，随着机器人和人工智能逐渐取代我们可能认为无聊、成效低且耗时的工作，我们就会发现自己拥有了那些未来主义者和科幻小说作者代代许诺的额外时间。

这意味着，在对时间利用的重新思考和重定目标方面，转化也极为重要——我们会将工作时间重定为休闲目的，将工作从生存之道转变为个人表达的方式，从传统的工作周转为零工经济。

---

① 一有偿跑腿网站。——译者注。
② 国外的一款手机交友应用软件，作用是基于用户的地理位置，每天"推荐"一定距离内的4个对象，根据用户在脸书上共同好友的数量、共同兴趣和关系网给出评分，得分最高的推荐对象优先展示。——译者注

第三章 转化力

正如金所解释的那样:"随着机器人和人工智能取代许多现有的工作,比起财富的再分配,我们可能更关心如何使用自己的时间。"

最终,我们都将转变自己消耗个人精力的方式。这就要求思维的转化,比如从"为了生活而工作"转化为"带着激情工作"之类的。

转化是决定人类历史进步的能力,它不仅是发明和使用工具的能力,也是认识人类和发现资源中的价值并实现价值,将其激活以获得商业效益或社会收益的一种能力。这是一种永被需求的技能,对该能力进行培养绝对是个聪明的做法。

第四章　问题解决力

<u>关于问题解决力，有时直到发现了新的解决方案，</u>
<u>我们才意识到最开始问题的存在。</u>

迈克·史密斯（Michael Smith）是太阳剧院（The Sun Theatre）的拥有者，太阳剧院是位于澳大利亚维多利亚州墨尔本西部郊区的亚拉维尔（Yarraville）的一家小剧院。最初买下太阳剧院时，它只是一间阴暗潮湿的待拆废弃建筑。不过，史密斯在直觉的驱使之下投入了时间、精力和大量金钱细心地修复了剧院老旧的木质座椅及富有艺术气息的门厅。正如我们所知，他并未按照常见

的现代标准对剧院进行改装，而是恢复了其全盛时期的本来样貌。

这看起来似乎毫无意义，毕竟这件事耗钱又充满不确定性。风险太高！

当今社会，大型连锁剧院主导市场，大多都是按照周六电影之夜的方式进行设计（周六观影人数最多），尽可能地容纳更多人，并且会在人们离开前尽可能地播放更多的广告，疯狂地播放。

我们不这么做。我们会放上最好的座椅。我们不放广告，我们会精心挑选要播放的影片，并且将社区和顾客置于首位……一贯如此！

"例如，"史密斯继续说道，"《爱宠大机密》（The Secret Life of Pets）上映了，我和我的团队就会积极思考能就此做些什么有创意的事，于是我们想出了让观众和自己的宠物一起观看这部影片的想法。"

不过，正如你所预料的那样，让动物在室内待90分钟是个大问题。大多数人可能会为他们无法这么做而找各种理由，但史密斯及其团队欣然接受了这一挑战，并积极寻找这么做的理由和方法。

全国（甚至全世界）其他电影院之所以不选择这么做是因为宠

第四章 问题解决力

物可能会在地毯或椅子上排泄，但这就是最糟糕的情况了。那么如果发生这种情况，我们会做些什么呢？我们意识到需要清洗地毯，而这本来就是我们需要做的事情，因为地毯本来就会时不时被红酒、啤酒、软饮、冰激凌等东西弄脏！

这种解决问题的思维方式深刻影响着史密斯的生意。

事实上，史密斯潜意识或可能是稍有意地解决了大型电影行业此前未意识到的问题，即回头生意、销售比重以及与客户的互动频率的问题。

"大型连锁剧院客户每人年均访问量为4，而我们是16。"

史密斯的客户忠诚度很高，而剧院的名气也不断上涨。在听闻太阳剧院对《八恶人》(The Hateful Eight) 首映所付出的努力后，导演昆汀·塔伦迪诺（Quentin Tarantino）、萨缪尔·杰克森（Samuel L Jackson）及科特·罗素（Kurt Russell）来到了太阳剧院的首映礼上并即兴与观众进行了问答。

毫无意外，史密斯自身的经历也值得被搬上大荧幕。2016年，他独自驾驶小型水陆两用飞机完成全球首秀后，被授予了"澳大利亚年度探险家"的称号。

那么，我们是否都应该"成为史密斯这样的人"呢？如果是的话，要怎么做呢？

使问题解决力成为永久技能的关键因素如下：

第一，问题日渐复杂。第二，问题通常是机遇的藏身之处。第三，我们解决大多数人不愿面对的问题的能力通常能够对我们产生最大影响。第四，其核心在于，创造力其实是种解决问题的技能。

这并非说所有的创造力都产生于问题意识，而是说创造力是由"怎样能够更好"这样一种心态促生的。

富有创意的思考者会力图改进事物，他们不会逃避挑战和障碍，而是明白问题的存在是创新的生机所在。

如果想要变得更具创造力，我们需要将自己的心态从反感懊恼转化为好奇。

世界会永远需要能够改进事物的人。如果我们能够做到下列几点，我们就能够成为其中之一：（一）学会热爱问题；（二）思考问题，而非思考陈述；（三）寻找多种答案，而不限于唯一的答案；（四）努

第四章 问题解决力

力做事（创造是场数字游戏）；（五）"败"得其所。

（一）学会热爱问题

积极主动地找出问题所在！

在讲到问题解决力时，事实上我们面临的第一个问题便是找到值得解决的问题。这点说起来容易做起来难，因为我们大多数人接受的训练和自身习惯都是倾向于忽略问题或等待他人解决。

基兰（Kieran）与其优秀的同事亚尼内·盖纳（Janine Garner）共同进行的一个领导力项目中便设有一项任务，要求那些未来领导者在自己的组织中找到一个自己有热情想解决的问题。接下来几个月，他们便会与基兰及亚尼内一道明确这一问题，制定解决方案，撰写报告，然后用简短的演讲向董事会和行政领导团队展示其解决方案。

在第一天听到这个任务时，毫无意外地，都怨声载道、排斥不已。但随着项目推进，他们的态度发生了转变，因为他们认识到了寻找问题这一做法的价值所在，他们开始将问题视为展现自己作为领导者能够为公司带来思考的一个跳板。

项目参与者中有位名叫雪莉（Sheree）的二十几岁的女性，她注意到公司生产的服务器抵达客户手中所需的时长不甚理想，这使她不禁疑惑："为什么呢？"

她发现产品在运出前均需通过一系列复杂而又冗长的检查流程，其中许多检查步骤是陈旧的老步骤，有些步骤是可以且应该自动化的步骤，另外有些步骤是可以废弃的。

她的疑问与解决方案随后围绕一个关键问题展开，即"谁在检查这些流程呢"？这个问题并非因人为失误或员工不敬业而造成，而是因为这些最初有用的检查现已变得无关紧要了。

她的项目解决了公司的问题。自那以后她的方案便在全球得以采用，并且节约了公司大量的时间、金钱，提高了客户的满意度，减少了销量的流失，该项目还让雪莉受到了公司全球管理层的关注。

问题解决力总是能够提升你在工作中的地位和作用，因此我们都需要增强自己的这一能力。

即便是在解决问题的过程中出现了新问题和挑战，实际上也是

第四章 问题解决力

件好事。事实上，我们发现所受的限制越大，创意就越丰富。

这在各地的真人秀中十分显著，例如《天桥风云》(*Project Runway*) 总会为参赛者设置一些不必要的条件，而这总是能够带来更好、更富创意的解决方案。

如果他们在每个星期就只是说"你有一个星期时间和无限的预算来做自己想做的任何事"，那么就没有什么内在的压力，也没有通过自己努力而产生的创意，大多数参赛者就只是在那儿完成些不清不楚的挑战，这个节目也就没什么看头了。

但我们可以学习哪些工具和技巧来帮助我们实现内心的百战天龙[①]呢？

（二）思考问题，而非思考陈述

考虑陈述的问题在于已事先定好解决方案，"我们需要建一座桥"这一陈述与"我们如何穿过这条河呢"这一问题之间有着极大

[①] MacGyver，中文译名《百战天龙》，温子仁导演执导。主角MacGyver总是能够投入到有趣的间谍冒险之中。——译者注

区别。

前者封锁了其他可能性，而后者则是对各种可能性开放，即便这些可能性中有许多或许不切实际。没有人会想要通过不切实际的想法达到自己的目的，但若你的选择仅仅只有一个选项，那实际上就完全称不上是选择了。

我们需要教育我们自己、我们的团队以及我们的子女在解决问题时将陈述转为提问，这能够积极地推动我们的大脑去考虑不同的解决方案，进而发现其他方式所无法发现的联系。

问题会改变我们实践的参数。

当我们进行陈述时，就会得到自己预期的答案。比如说，2012年，休斯顿机场接到了大量关于行李提取耗时太长的投诉，乘客讨厌等待时间太长（意料之中）并表达了他们的不满。

传统的以陈述为基础的思考方式可能会说："为了减少乘客投诉，我们需要加快行李运送。"但若我们对此情况提出疑问，如"怎样才能减少等待时间"？那么便可能出现不同的解决方案。

最后，他们采取的解决方法是将行李传送带移至离到达口更远的地方，这样一来，行李就会比步行的乘客更快抵达提取处。换句话说，最终的解决方案并非加快行李运输，而是改变了乘客对时间的感知。

关键点在于，如果你采取的方法能够让解决方案浮现，那么便可能获得其他的答案与解决方案，培养这一技能也是个明智的选择。

（三）寻找多种答案，而不限于唯一的答案

我们在学校的大多数时间都是在寻求正确答案：二加二等于四，氢和氧按2∶1的比例结合会产生水，威廉·莎士比亚的遣词造句不容置疑，等等。

然而，生活中确定性很少，复杂的问题也很少有唯一的正确答案。

这一点自古以来都是如此，而我们在现代社会所面临的复杂问题和相互关联的挑战，使得我们培养寻找多个答案而非一个正确答案的能力变得无比重要。

没错，我们所面临的任何问题会有多个解决方案。允许自己去

探索不同的选项能够缓解我们在解决问题时所经历的大部分的痛苦与压力,这也使我们能够得出原本可能错过的结论。

这一点之所以如此重要,原因之一在于人类大脑会寻找模式,并且倾向于走捷径。这意味着如果我们已经找到了一种解决某个问题的方法,我们就不愿意再去寻找其他方案。

在经营了澳大利亚主要的创意学校并举行讲座,指导上百场各领域的创新项目后,我们所得出的经验则是人们更容易接受自己的第二个或第三个想法。

当然,我们会承认自己的第一个想法可能没有那么棒,然后便有了第二个想法。"这个想法不坏",我们会暂时将其搁置,看看是否有比它更好的想法。然后我们产生了第三个想法,觉得与第一个想法一样没什么亮点,于是,第二个想法便开始让人觉得颇具创意。

第二个想法可能确实十分有才,但我们明显只是稍微对比了可用的创意或手中的机会。

这本质上意味着我们的选择空间会变得很狭窄,就像是在农村小镇和大城市约会的选择那样。

第四章　问题解决力

要想真正地有创意，产生前所未见的想法与创意，我们必须要愿意付出比预期更多的努力，把想法的数量从3个增加至10个、100个，甚至10000个。

总而言之，成为更好的问题解决者、提升自己的创造能力，这就是场数字游戏！

（四）努力做事（创造是场数字游戏）

爱因斯坦曾说："我并非有多聪明，只不过花在问题上的时间比你们多罢了。"

简言之，解决问题的秘诀就是努力，我们自己精神的惰性或许就是收获创新果实的最大障碍。

当新员工开启在创新产业的工作时，他们会被鼓励选用带有激励性的工作准则，例如"伟大在凌晨2点降临到你的画板上"（我们很确定，这一说法原本提到的时间为深夜11点，这就是竞争膨胀的特性）！

唐·许利兹（Don Schlitz）是曾获格莱美奖的美国作曲家，并被列入纳什维尔作曲家名人堂（Nashville Hall of Fame）。在美国国会国家图书馆2018年的一次采访中，他讲述了自己学习歌曲创作的故事。"首席歌曲作家之一"鲍勃·马克迪尔（Bob McDill）告诉他："你每年靠灵感能创作10首歌，但你的工作是要创作至少40首能发表的歌曲。"许利兹将这点牢记在心。

前伞兵队长布莱德利·特维尔·格雷夫（Bradley Trevor Grieve）的书已在全球超过115个国家销售了3000万册，他也十分明白创造性努力的作用：

我对写作和表达一直富有激情，当我退役成为专业的作家后，我对自己的创作行为要求更加严格，这为我带来了更多的成果，而不像原来那样，仅仅在自己情绪来了时才进行创作。

格雷夫补充道：

创新原则现在似乎已非常显著，但它是变化的。我的下一步计划便是将创新思考运用到我生活的方方面面——没钱或没时间去做某事仅仅只是问题解决实践的开始，突然之间一切皆有可能了。埃尔温·隆梅尔（Erwin Rommel）有句话在伞兵中非常受欢迎，它讲的是:"汗水节约血液,而动脑节约汗水。"

如果我们对格雷夫和隆梅尔的话稍作变动,把"血液"替换为"时间"或"金钱",那么便能够产生更具普适性的表达。

当我们在消化这一智慧的表达时,格雷夫又产生了一个想法:

我非常认同任何地方甚至任何人都能产生好想法,但是伟大的想法往往来自不断地进行创新思考、投入地解决手头问题并通过调查许多不同领域积极寻找灵感的人。这并非魔法,只不过是努力而已。

要想真正地富有创意,收获超出预期的解决方案,我们必须比大多数人更加致力于努力解决问题。

除了努力与勤奋外,我们还必须愿意执行。

(五)"败"得其所

你或许已经听过励志演说家、新思潮运动的传道者或是老套的名言:"没有所谓的失败。"

这肯定是错误的,失败不仅是真实存在的,而且并非总是坏事!

话虽如此，要切记的是，一次次重蹈覆辙的失败绝对不是什么好事，这种情况就是败得很糟糕。

败得糟糕在于没有吸取教训，没有改变，甚至不愿尝试新事物实践新的策略。

这肯定失败！

我们可别这么做，我们可以做得更好。

与之相反，科学家们一般都会将其失败案例归档标注，这样一来其他人便更容易找到这些案例并从中学习。

我们应该学习这种思考方式，"败"得其所。不要将失败视为结局，而是将其视为过程中的一个环节，这点十分有效，失败只是一个待解决的新问题。虽然这令人失望，但这确实符合我们认为创新是不断进行和反复的过程这一观点，系统、设计或应用中的某个失败可能会成为创新过程的下一步灵感来源。

创新要求不断调整，承认失败，并且尝试新的方式。WD40（全球父亲们的最爱）是以其学习曲线的反复来命名的——即水置换第40号公式，现在有多少公司愿意在名字里承认他们曾失败了39次？

第四章　问题解决力

《愤怒的小鸟》（*Angry Birds*）是开发者研发热门手机应用软件的第103次尝试，他们没有将最初的缺乏参与视为失败，而是将其视为连续统一体的组成部分。失败并不致命，这只是遇到和需要解决的下一个挑战或问题而已。

要"败"得其所，我们必须要接纳所有的失败，以便从中学习。

20世纪最出名且最幸运的意外就是盘尼西林（青霉素）的发现。1928年的某天，亚历山大·弗莱明（Alexander Fleming）在去度假前忘了清理自己的工作区。等到回来时，弗莱明注意到在部分培养皿上出现了奇怪的真菌。更奇怪的是，细菌似乎无法在这些培养皿的附近生长。

基于经验性的洞察力和创新性的重构，弗莱明采取了更多实验来检验自己的猜想，最终在自己的失败（及缺乏常规的卫生条件）中发现了后来大获成功的元素。

这一真菌后来成为第一种抗生素，也是迄今最为广泛使用的抗生素之一。假如弗莱明在回来的时候就只是生气地告诫自己下次一定要记得在离开前清理桌子的话，那么这一伟大的发现可能就会沦为糟糕失败的受害者，然后被迅速抹去。

在研究本书主题"永久技能"的时候，我们发现明确"永久挑战"也十分有用。简言之，比起仅关注我们的能力或品质，明确我们未来将会面临的问题以及价值取向也十分重要。因此，这就使得问题解决成为一个关键的永久技能。

第五章　灵活性

尽管对达尔文的理论还有很多争论，但不可否认的是，不是强者生存，而是适者生存。

莱恩·比齐利（Layne Beachley）是一名曾获8次世界冠军的冲浪运动员，几乎可以被称为当代传奇。

当我们与莱恩对话时，她认为适应能力和灵活性对其优异成绩极为重要。她与我们分享道，当她成为世界第二后不得不重新学习冲浪中最基本的技能之一：怎样在冲浪板上站起来！

我之前的做法使我成为世界第二，但无法使我成为世界第一。

而我，想要成为世界第一！这意味着我不得不重新学习自己4岁起便一直做的某些事情。为了实现这点，我花了整整一年时间练习在每次冲浪和每个激浪前跳起来。

这会不会太极端了？但或许，这种想重新学习并创造新事物的意愿是许多成就者和领导者都具备的一种创新灵活技能。

要变得伟大，要成为世界冠军，并非仅与自身具备的优秀能力相关，同样还要有去适应、去学习新事物，甚至推倒重来的意愿。

而正如第一章中所解释的那样，阻碍灵活性与适应性的原因通常是因为我们大多数人都排斥改变。

话虽如此，具有适应性以及愿意采取灵活的方式对人类获得成功而言十分关键。我们需要适应新环境条件的能力；随着武器与威胁变得更加致命且贴近，我们需要重新思考自卫的能力；在追求更高生活标准和健康时，我们需要采用新技术，这些都是人类成功的印记。

逼着自己去尝试一些陌生的东西难免会感到不自然或不适，但若要使自己跟上时代、使周边的事物永不过，则必须学会在"不致

第五章　灵活性

命的不适"中进行实践。

让灵活性成为永久技能的关键因素如下：第一，成功之路从来不是条平坦大道。第二，大多数行为在第一次尝试时都是失败的。第三，恢复力强并不是指反复尝试失败的策略，而是以乐观的心态去尝试新的方法。

当前和未来我们所面临的、环境和挑战会不断改变，这意味着我们必须像哲学家赫拉克利特那样将变化视为常态。

正如温斯顿·丘吉尔（Winston Churchill）所鼓励的那样，那些能够不断适应、创造做事新方式、"从失败中不断站起来而不丧失热情"的人，实际上才是能够在历史上留名的人。

如果要在面对变化时更具灵活性、适应性和技巧性，我们必须主动改进我们的想法，或者说，重新思考我们的想法、信念和行为。

重新思考就要有原则、有重点地挑战自己的观点和现有思维方式。若变化会成为一种永久挑战的话，那么思考的灵活性也将是一种永久技能。

要提高灵活性，我们必须：（一）将韧性视为思维灵活性；（二）

设想其他的框架或领域；（三）冲破"明显的障碍"；（四）挑战我们自己的假设；（五）培养多元化意识。

（一）将韧性视为思维灵活性

在我们围绕永久技能这一概念进行的上千场对话和采访中，韧性是决定成功的因素中被反复提及的一个词。

有趣的是，人们为这个看似简单的词所赋予的定义与意义大有不同。

有些人将韧性定义为坚韧不拔的精神，最好再加上实在和"坚固"的含义。然而，稍微深入思考一下就会发现，大多数人倾向于将韧性定义得更为温和和宽泛，并且更多地将其与思维灵活性、适应能力以及应对挑战后的"复原"能力联系在一起。

换句话说，韧性的核心是种创造技能，它对于灵活性而言十分关键。我们需要将自己对韧性的理解从"冲向同一面不可破的墙而不丧失热情"转为"带着热情尝试新的方式"。无法冲破那道墙？那就造扇门、开扇窗、买个梯子吧，或者租辆带有落锤破碎机的吊

第五章　灵活性

车吧！

基兰在其主旨演讲和团队培训中经常谈到韧性的"6R"：第一，重构（reframe）；第二，重组（regroup）；第三，重想（rethink）；第四，重做（rework）；第五，奖励（reward）；第六，加强（reinforce）。

我们需要在下列方面增加自己的思维灵活性：第一，如何对挑战进行解读（重构）；第二，如何与自己的团队和网络进行合作与协调（重组）；第三，决定实施的策略（重想）；第四，重复采取的方式（重做）；第五，认可进展（奖励）；第六，衡量和保持进展（加强）。

韧性——将逆境转化为效用——还需要我们为所面临的现实创造更有用的意义。虽然我们无法决定发生什么，但我们可以采取更灵活的反应来面对生活投下的惊雷并继续前行。这可能是思维灵活性的最关键用途，这是经历了重创后幸存下来的人常常说的话。

近日，我们遇到了一位年轻男子，他发起了一个慈善活动为烧伤儿童筹集资金。当时，他想要把一本日历卖给我们。受创造力的另一关键技能——好奇心的驱使，我们询问他为何要做这些事。

他解释说，他曾是残暴的性侵受害者。他被骚扰、欺凌，并且收到匿名信说没有他的话世界会更美好。

我们发现，使他得以渡过难关的正是这种将重创转化为有用的事物的能力，将残暴的罪行视为脱离当前境况并再造自己生活的机会。因此，他决定做点事情去帮助别人。

创造力不仅是创造具体的东西，而且也包括创造新的思维模式或重新构建有益的世界观。灵活性远不止是一种生理或认知功能，它同样适用于我们的情绪和信念体系。

克里斯·赫尔德（Chris Helder）是我们认识的一位非常睿智（并且精力极其充沛）的朋友，克里斯经常与我们谈论他书里论述的一个非常有力的概念——有效信念（Useful Belief）。

我不教积极，我教的是效用，我并不认为事实像我们认为的那么重要。你会发现，事实不管怎样只是一种认知而已，而我们常常是让别人来创造我们的事实。

克里斯继续说道，我们还不如改变自己的心理框架，选择一种有利于我们所求结果的信念。虽然克里斯并不一定要用这种方式表述自己的观点，但有效信念确实是种极富创意的工具。

第五章 灵活性

他主要是在帮助领导者、组织以及团队变得更具灵活性,并创造能够促发有利结果的新意义。

韧性从根本来讲就是更加灵活、开放地定义挑战、应对挑战并且从中吸取反馈。

这就使得思维灵活性变得十分关键。

(二)设想其他的框架或领域

在电影《死亡诗社》(*Dead Poets Society*)中,罗宾·威廉(Robin William)扮演的角色鼓励他所有的学生爬上桌子,这样他们便可能以不同的角度去看这个房间,去看他们看到的世界。

这是我们运用一种叫作"不可能性思考"(Impossible Thinking)的方法去教授领导者、团队以及组织的一些东西。我们自己的企业——不可能研究所——的命名正是受到了它的启发。

我们也深受自己高中数学经历的启发(我们此前从未想过会排列组合出这么一句话……从来没有)。

高中时期,我们最初学到的是负数无法开平方,这是小学生都知道的规则。

几年后的某天，我们的数学老师决定玩"假设游戏（Let's pretend）"。没错，即便是在数学学科，设想/假设这一创新技巧也具有一定作用。

我们需要接受的设定是，某个负数（如-1）的平方根具有一个假设的值，比方说i（或者是电子工程中的j）。基于这一简单的假设，复杂数学便打开了一个完整的分支，曾经不可能实现的计算突然间变得可能了。

换言之，通过设想另一个框架或领域，灵活看待我们的思考方式和自己选择相信的事物，我们便能够探索"不可能"背后所蕴含的东西，然后反向作用到我们当前的情况中。

我们将这一方法运用到一家大型金融服务公司，作为战略工作坊和创新项目的组成部分。

该公司所面临的关键问题之一在于，作为一家规模和客户基础庞大的公司，客户每次致电联络中心时都需要等待很长时间，等电话接通的时候客户就十分生气，觉得自己不被重视。在"等待"的

第五章 灵活性

过程中,他们的怨气会逐渐积累,于是等到有人接听时,他们早已没有耐性保持友好,更不用说心情愉悦了。

这不仅意味着客户可能会考虑将生意转投他处,也意味着公司员工需要经常面对极度不快的客户。这就会造成极为不理想的工作环境,降低员工的热情,加剧员工流失的情况。

该公司最初联系我们时是希望我们能够帮助他们进行一次培训,以提高团队的绩效与效率,从而帮助他们更迅速地获取线上、线下的客户(这一策略对提升客户与员工满意度而言毫无益处)。

与之相对地,我们向他们介绍了"不可能性思考",并询问:"怎样才能让客户愿意等待呢?"

于是我们便产生了开放的选项。我们与一家唱片公司建立合作,他们固定的艺术家们会录制不插电版本的歌曲专门作为这家公司的来电等候播放清单,这样一来即便是非公司客户的人也可能会致电然后要求在等待区欣赏音乐。

我们探索的另一方案则是将等候的过程游戏化,这样一来,客户可以根据他们等候所花的时间来换取奖励。

在这整件事中需要关注的点是，在我们激发该团队的灵活性与变通能力前，他们认为自己面对的挑战就是找到问题的单一解决方案。这种情况十分常见，我们在全世界各个组织和行业里均经历过这种情况。

灵活性这一变通、适应和恢复的能力最终是一场数字游戏，如果失败了，你能重新爬起来再尝试新的方式吗？

（三）冲破"明显的障碍"

创造力的最大障碍之一便是我们的大脑本身，这是我们大脑运作的一种功能，就像是一个模式制定机器，运作的软件基础就是学习、重复、重复、重复。

我们想用《家庭问答》（*Family Feud*）的案例来说明我们大脑模式制定能力的作用。《家庭问答》基本上是一个基于我们大脑能够产生预期内答案的游戏。

假如请你说出有洞或有孔的东西，你可能会说"甜甜圈"。然后当主持人宣布你答出了"最佳答案"时，你可能还会感到一丝自豪。

第五章　灵活性

然而,"最佳答案"实际上意味着是最常被想到的答案。该答案实际上并不十分高明,只不过是基于最常见的神经联结得出的一种本能答案,这一答案极有可能是我们大脑常规无意识思考的结果。

我们将这称为"明显的障碍",原因很明显。若要使自己更加有创意和更加灵活,我们需要培养自己冲破明显障碍的能力。

这是伟大的思想家常常会做的事,他们会对事物产生疑问,他们会冲破预期,他们不会止步于或迅速接受显而易见的答案,他们并不会满足于此前已做过的事情。

最重要的是,他们愿意去质疑自己相信的东西。

(四) 挑战自己的假设

这种条件反射地去选择明显答案的现象也解释了尽管与他人相似存在固有的商业风险,但是我们的业务设计却还是容易与竞争者的极为相似。

这也是为什么美发师会在签名中用到剪刀元素,有环保或可持续方面业务的企业会选择绿色或麻布来装点他们的包装或专业的制服。你在看到商标时可能就会想：嗯，这样看起来很对。这当然看起来很对——因为你已经看过上百个类似的标志，且通常是你直接竞争对手的经营场所的装饰！

英国最具创造力的主厨赫斯顿·布鲁门撒尔（Heston Blumenthal）以其创意菜单而知名，不过他的创意及思维灵活性并不限于他准备的食物或是烹调的方法，2011年的电视剧《赫斯顿的不可能任务》（Heston's Mission Impossible）表明了他同样是名极富创意的思考者。

在我们最喜欢的一集中，他负责为皇家海军潜艇HMS汹涌号上的人员供餐。他的任务就是改善船上提供的食物的质量，并且在执行任务过程中提高船员的健康水平与幸福感。

布鲁门撒尔的应对方案精妙之处在于他不仅是为饮食单调的潜艇人员提供了美味的食谱，而且还重新思考了食物的准备、储藏以及之后的烹饪和呈现等的方式。

通过真空密封保存的方式，他延长了食品的保鲜期，然后他采用真空低温烹调法（sous-vide，法语，听起来比"装在袋中稍微煮

第五章 灵活性

一下"高级多了吧）来准备食物。这不仅提升了食物的口感，而且减少了储藏所需的空间。这意味着皇家海军能够在潜艇上储存更多食物，从而能够在海上停留更长时间。

通过改造厨房来提升核潜艇的军事能力并不常见，赫斯顿挑战了海军甚至他自己的一些假设，我们也应该这么做。

无法对基础假设进行质疑通常是灵活性的主要障碍。我们会因以往的经验而默许习惯性思维和解决方案以致陷入困局，而不是积极灵活的思考。

妨碍灵活反应的一大观念是"这是上层人士要做的事"，当然，问题在于该"上层人士"可能并非最佳的创新者。这主要是因为他们热爱这个体系，他们在现状中发展得很好。让他们进行创新就相当于要求他们去破坏自己的成功，这点并不容易。

相反，那些愿意质疑自己和他人的假设的人，在面对变化时才能灵活变通，与时俱进。

（五）培养多元化意识

"当你仅仅拥有一把锤子，那么所有的东西在你看来都像钉子。"换句话说，我们都倾向于极度依赖一个或两个工具来解决问题，但在面临复杂变化的时代，这种方式是不够的。我们必须拓宽我们的感官意识，使我们能够捕获可能错过的信息，从而更好地灵活应对。

这意味着我们要足够灵活，动用多种感官和多元化意识，从我们的五感到肢体语言、直觉、观察以及理解。

我们在培训中采用了一个方法来鼓励大家对图5.1中的出入（gap）进行观察，我们将其称为"挖掘出入"。它包括倾听他人讲述自己做了什么，以及观察他们实际上做了什么。在这两者中间总是会有出入，而真正的精华和能量通常就在这个出入之中。若能够消除这一出入，那么你便能够有足够的灵活性去产生人们想要并且会真正采用的想法。

要明确这一出入，就要多重输入。你需要聆听人们讲了什么（并注意什么是他们没讲的），弄明白他们为什么要讲这些，然后你必

第五章　灵活性

图5.1　挖掘出入

须仔细观察他们做了什么以及做的方法。

幸运铁鱼（The Lucky Iron Fish）公司便是运用这一思维的很好案例。该公司在柬埔寨分销铁鱼，铁鱼被用于烹饪，从而改善人们的缺铁症状。铁锅也能相对有效地转化出铁离子，但制作铁锅成本太高。因此，该公司决定制作可以加到煮锅里的圆形铁盘，并分发给顾客。虽然人们说他们会使用，但实际上没有人用（除了似乎被用来当作书夹或门挡）。因此克里斯托弗·查尔斯（Christopher Charles）带领的团队与一些年长的人谈论关于食物的幸运习俗。通过这样做，他们发现人们认为鱼能够带来巨大的幸运和财富。于是，他们将铁制成了鱼的形状，这样一来，铁盘使用量骤升。正如查尔斯所说："你可能有世上最好的治疗方法，但若人们不用，那也无济于事。"

明确这一出入意味着要真正聆听。奥斯卡·特林博利（Oscar Trimboli）是深入聆听的专家。他的工作主要围绕一个事实，即信息在不断地向我们"广播"，但我们的理解却在衰退。

"说话的情境与其所说的内容同等重要。"奥斯卡解释道，"文字只是原料，我们还需要食谱才能使所有文字变得有意义。"

奥斯卡的工作主要是将沟通的理念从说了什么转为理解了什么（我们会在第二部分涉及这一话题）。奥斯卡的工作给我们的真正启示是，我们要具备更聪敏的感觉，而不能仅仅依靠单一来源的信息，或是单一风格的沟通——正如我们输出的方式要灵活变通，输入的方式也应如此。

虽然教育上对于感知偏见理论仍存在一定争议，但不可否认的是，我们对信息接收和理解的方式都有一定偏好。关于这点的例证随处可见，我们通过短信、推特、即时通讯等方式进行的沟通都表明了存在误解的可能性非常大（有时若阅读推特信息失败的话也很搞笑）。

第五章 灵活性

我们已进化为通过所有感官来体验世界：视觉、听觉、触觉、味觉、嗅觉。每一种感官都能就所面临的事物给我们带来一种不同的认知，并使我们能够在自己的理解上产生细微差别。

使思维变得更加灵活的能力是个永久技能。灵活的思维使我们能够重构我们的思考、反应、常规做法、假设以及感官，并且产生更多有效的解决方案和选项。灵活性使我们在遇到阻碍时能够继续前行，在无解时能够重新思考，在绝望时能够重新构想。拥有此技能，我们能变得更好。

第二部分

沟通的技能

若重回校园的话,我会集中关注两方面:学习写作以及练习在听众前说话,没有什么比有效沟通的能力更为重要了。

——杰拉尔德·福特[①](Gerald R Ford)

[①] 杰拉尔德·福特,美国第38任总统。——译者注

第二组永久技能是围绕我们通常称为"沟通的技能"（communication skills）而形成的，这些包括影响、吸引、销售、展示、领导力以及其他通常被形容为"软技能"的能力。

不过软技能这种说法有失偏颇。

"软技能"这一说法是源自"硬技能"的无益产物，是以前工业革命的偏见。从根本上来看，"硬技能"指的是使用机器工作的能力，而"软技能"则意味着"与机器无关"。回想一下，比起"硬"或技术能力，将其称为"软"的话好像就没有那么重要。但实际上它们的重要性、获得的难易程度以及影响力并不逊色于硬技能。

对人类动因的理解能力和有效沟通能力大大地改变了历史。妥当的措辞能够团结团队、提升领导、建立政权、改变信念。试想下，若马丁·路德·金说的是"我有一些有用的想法"①,约翰·肯尼迪(John F Kennedy)想的是"想到未来迟早可能登上月球便会很有意思,因为我们可能正好可以做到"②,或者耐克的广告词是"尽最大努力"③,理解人类动机并准确应用的能力显然是领导力的关键要素。

这些所谓的软技能已帮助我们改变了历史,未来也将如此,庆幸的是,我们终于开始认识到这点。因为当今世界最重要的经验与能力越来越少地源自硬技能和技术能力,反而越来越多地来自人类的理解与参与。

《澳洲财经评论》(*Australian Financial Review*)2018年3月发表的一篇文章中,记者马克·爱格雷顿(Mark Eggleton)引用了领英(LinkdedIn)的澳大利亚与新西兰地区总监马特·廷德尔(Matt

---

① 马丁·路德·金在演讲中说的是"我有个梦想"(I have a dream)。——译者注
② 指的是肯尼迪总统的《登月演讲》(*Moon Speech*),他原文讲的是"我们决定在这十年间登上月球并实现更多梦想,并非它们轻而易举,而正是因为它们困难重重。因为这个目标将促进我们实现最佳的组织并测试我们顶尖的技术和力量,因为这个挑战我们乐于接受,因为这个挑战我们不愿推迟,因为这个挑战我们志在必得,其他的挑战也是如此"。——译者注
③ 耐克的广告词为"一切皆有可能"(Nothing is impossible)。——译者注

Tindale)的一句话，说的是"所谓的软技能是数字经济中每位职工都应具备的技能"。

马特还在《澳洲财经评论》和迪肯公司（与迪肯大学合作的一个领导力培养组织）合办的圆桌论坛上提出，当下的需求是对合作、团队协作、情商、批判性思维和问题解决能力的需求。他表示，这些技能十分重要，因为它们是"可企业转移"的，这一表述今后会经常听到。

领英全球首席执行官杰夫·韦纳（Jeff Weiner）接触的就业信息的数量（以及细节和数据准确性）可能比任何国家都多。2018年10月，西蒙·斯托佐夫（Simone Stolzoff）在《工作的石英》(*Quartz at Work*)中引用杰夫的话："美国现在最缺的技能就是软技能。大多数雇主想要的是书面沟通、口头沟通、团队建设和领导力技能。"

我们的研究也支持了这一观点。我们采访的每个人在讲到对自己的成功至关重要的技能时都会至少提到这些技能中的其中一个。大家也都会说它们是最难习得的技能，但在从个人胜任的位置转为团队领导的位置时，这些技能也是最为重要的。新加坡创新实验室

（Innovation Labs in Singapore）的斯考特·贝尔斯（Scott Bales）认为，在未来，"技术性能可以通过芯片植入人的大脑，但这些'人性'的技能则将经久不衰，永远具有其重要性"。

虽然人性技能和沟通技能如此重要，但或许因其"软技能"的大名，导致人们对其重视和理解程度都极低。

对此情况，教育行业要承担一定责任。那些在19世纪进行构思、为20世纪谋划的现代教育机构总是倾向于关注技术能力，而很少去培养人性中智慧和个性的一面。

这种对技术的偏好（且是不带"情绪"的）在部分行业、公司以及全球的部分地区依旧像是一种荣誉勋章。

与我们一起共事的一位首席执行官非常喜欢说："我才没有时间来考虑这些人性的东西！"当他的团队因其流动率远高于同行业的均值而来联系我们制定吸引和留住人才的策略时，我们肯定造成这种现象的原因肯定不会是他的这一态度（这句话绝对是嘲讽）。

不良的沟通技能以及对情感的忽视实际上是导致员工消极、人员流失、关系破裂、代际间隔离感最常提到的原因。

与之相对，读懂他人、理解他人并且采取能够让对方感觉被激励、被理解、受鼓舞的沟通方式，这种能力将会是未来技能组合里的重要部分，因为该能力在当下已变得越来越重要。

此外，现在的经济环境下人们有着大量的就业选择，这其中也包括为自己工作（我们现在创业的障碍为史上最低），这使得我们不仅要具备让顾客买账的能力，还要能吸引心仪的人才加入团队、并肩作战，这对企业、领导力或事业的可持续性而言都至关重要。

鉴于这些原因，我们认定各种形式的沟通技能为我们第二组永久技能。

第六章　影响力

<u>没有影响力的想法是无效的。</u>

无论你是打算与团队一起补仓的领导者，或是想要推广产品或服务的销售或营销团队，亦或是想推动事业发展的变革推动者，还是努力想要自己的孩子听话的父母，影响力都是一项重要的永久技能。

当然，影响力一直很重要。在历史的长河中，能够用自己的想法去激励他人，使他人信服你的作用并获得他们的支持，这一能力即便在最小的社会和组织群体中都是一个关键因素。

影响力使我们能够根据自己的意愿协商协议、塑造观点、带动社会变革、建立能够产生商业与社会价值的企业与组织。

此外，随着选择规模、信息和选项持续增长，影响力在未来只会越来越重要。

使影响力成为永久技能的关键因素：

- 笑到最后的通常是最有影响力的人，而非最优秀的人。
- 依靠事实而非影响力实际上可能会适得其反。
- 若你不能吸引他人，那便无法领导。

与聪明人共事时，我们发现个问题，那就是与赢相比，许多人更倾向于正确。换句话说，比起让自己变得富裕，他们更倾向于做正确的事。我们如此执着于自己的正直以至于变成了自以为是，并为此牺牲了我们所渴望的事物——影响力与吸引力！

通常情况下，这些聪明人会抱怨："但是我不应该要销售……因为我是对的/我有证据/事实就是对的！"这并非说我们不应该保持正直或是不应该对工作及其效力保持激情，我们真正想表达的是"光有正直不够"。你需要进行"补仓"，你需要学习，然后形成影响力。

第六章 影响力

此外，假如我们的工作、事业或想法对我们而言足够重要并且会对我们的社会做出重大贡献，或许我们应该真正地愿意去放下自尊，学习如何营销并提高其吸引力。

这就是关键所在，许多人、企业或产品的衰败都是因为缺乏影响力（而非人、公司或产品本身有什么缺陷）。

不管我们的自我意识里想要相信什么，占据主导地位的很少是最佳产品或服务，获得工作（或赢得选举）的一般也很少是最符合条件的候选人。此外，创新且周到的想法似乎也出乎意料地经常失败。

相对地，获得成功的通常是那些能够发挥影响力作用的人和想法，他们将影响力对准了他们的愿景。

这点对于领导者而言尤为如此。从愿景建构到资源管理（包括人力资源），领导力由许多技能与特质所定义，但最终，领导力的主要功能就是激励他人采取行动。

简言之，要领导团队，你必须能够产生影响力。

下列技能、工具和技巧能够帮助我们提高自己的影响力：

（一）知道自己真正"销售"的是什么，

（二）协调自己与他人的价值观，

（三）展示你将帮助他们成为怎样的人，

（四）培养自己的情商，

（五）通过故事来分享你的想法、价值观和指令。

（一）知道自己真正"销售"的是什么

先说重要的，你所做的事就是销售，我们都是如此。

若你是家长，那你销售的就是刷牙要干净、要吃蔬菜、要准时上床睡觉；若你是老师，那你推销的就是集中注意力、好好学习和知识的重要性；若你是领导者，那么你销售的就是值得归属的文化、值得做的工作，以及值得追随的你，这点永远不会变。只要存在需要联系的人，就会有劝说和销售的需要。

但大多数人不愿意承认自己必须去销售，更别提明白他们自己真正销售的是什么，即便是处于销售行业中的人也是如此！

其中部分原因在于每一次销售、展示、推销、运动或一对一的对话中,均存在多层次的吸引及销售,我们将之称为"营销堆栈(Selling Stack)"(见图6.1)。

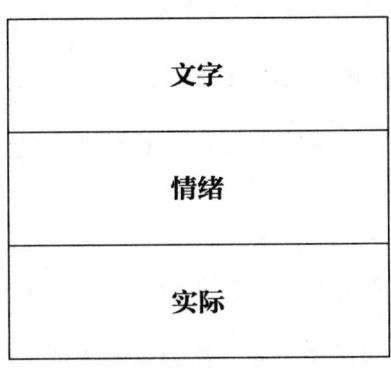

图6.1 营销堆栈

第一层是销售的文字或有形层面,指的是用最简单日常的措辞表达你所提供的产品或服务。

第二层是销售的情绪成分,这主要是告知对方购买该产品或加入该事业会带来什么感受。它是否能让人感到安全或精明甚至是高级感?这也是大多数销售人员会尝试发挥的层面,将预期的关注点从客观的特征转向主观的收益。

最底下那层是实际,指的是销售的实际或心理层面,这是人们真正购买的东西，也是最能展现影响力的地方。虽然销售这一层面的明确描述可能永远都不会被大肆宣传，或印成文字或在网站上进行宣传，但我们在所有沟通中都应该知晓这一点。

那么在现实案例中，这看起来是怎么样的呢？

几年前，我们与一家帮助了几百位创业者制定企业战略的创业孵化器公司共事。

会场中有个人叫作尼克·皮尔登（Nick Peardon），他是澳大利亚墨尔本的一名年轻的树艺家，精力充沛并且充满抱负与热情。

我们想请一位志愿者上台来演绎一遍营销的过程，前面提到的尼克立刻热情地举手了。

当我们问尼克觉得自己真正销售的是什么时，他回答道："我是在帮助人们觉得砍树是件好事！"

观众们如我们所预料的那样哄堂大笑，我们友善地建议说，这个说法可不好放到他的网站上啊。

待我们进一步询问，我们发现尼克实际上是一名环保主义者，他不希望很多树被砍后只能切碎制成花园覆盖物。"这不仅十分浪

第六章 影响力

费，"他解释道，"而且还会将树木本身储存的碳完全释放出来。"

尼克想出了解决这一问题的办法，当需要清除一定大小的树木时，他会将其制成家具以保持其完整性，而不是切成木碎。

大家瞬间都觉得"这个做法太聪明了"！

然而这一想法在他的网站上却并不显眼，大概只有非常忠实的用户（像是尼克的母亲）才有可能发现，因此这一想法无法发挥作用。

接下来10分钟里，我们将尼克的业务改名为"树之化身"，注册了网址，并根据营销堆栈为其制定了销售和营销战略。

第一层文字层面，尼克销售的显然是移除树木。第二层情感层面，他的客户更多的是觉得这是件必要的事，而非他们尤为自豪的事。第三层实际层面，他销售的其实不是清除树木，而是清除内疚感。

下面这些是尼克从来不会对其客户或媒体所说的话（"想要对自己造成的环境破坏不那么愧疚吗？尼克来帮你消除！"没错，没有人会想要承认自己是出于愧疚感），但是，这绝对能够增加他的

125

吸引力。

根据这一情况,我们为尼克制定的销售战略之一便是在极端天气后去当地学校处理倒下的树和大树枝。

这个活动带来的价值或特殊之处在于,尼克承诺将这些木材制成家具供室外课堂使用,教师可以在这里与学生谈论环境科学与可持续性。

这使得人们开始以前所未有的方式讨论树木清除。

当你清楚自己真正销售、提供或传达的是什么时,你的影响力就能够得以增强。

(二)协调自己与他人的价值观

要实现真正的吸引(或销售、追随、认同),我们必须始终设身处地从别人的角度考虑问题。但我们通常过于关注自己的想法、产品和安排,以至于完全忘了考虑对方。

当我们努力让自己的想法、产品、服务、行为方式或过程产生影响力,我们就很容易把天平向自己这端倾斜,而我们不应如此。

第六章 影响力

销售的关键并不在于产品,而始终在于用户的预期。

尽管如此,我们依旧会详列产品的特点与益处,表达不必要的细节(毕竟我们在研发上花费了这么多时间和金钱,我们必须要特别重视),花费大量的时间来例证为何自己是工作的最佳候选人、社区的最佳代表,能够最好地运用赞助者有限的慈善预算,或自己手中的是市场上最好的产品。

我们很少考虑到目标客户的想法。换句话说,这对他们有什么好处?

在对影响力这一永久技能的研究中,我们发现的最有趣的事便是可以从一个人的经济和社会成就中预测他们对自己服务对象细节的了解程度。

高度认知等同于高吸引力和成功。以菲利普·迪·贝拉(Phillip Di Bella)为例,他是一名澳大利亚创业家,需要经常往返澳大利亚和新西兰,他也是迪贝拉咖啡这家起源于昆士兰的优质咖啡豆烘焙公司的创始人。

有些读者可能不太了解澳大利亚的地理和人口情况。菲利普本来可以在墨尔本成立他的咖啡企业,因为这个城市对咖啡的痴迷程度堪比意大利人(意大利人也是墨尔本现有人口的重要组成部分),但他选择了昆士兰。

而昆士兰是澳大利亚气候湿热的一个州,是一个比较懒散的地方,人们常常以其悠闲的节奏而自豪。这就像是以微妙风味为卖点的企业设立在了阿拉巴马,而非纽约,然后再尝试向眼光敏锐的纽约人销售该产品!

通过对菲利普的访问,我们发现了件十分有趣的事,他并没有将喝咖啡的人群当作自己的主要客户。当然,他在乎他们并希望尽己所能为他们提供最好的咖啡体验,但菲利普认为他真正的客户是咖啡店和餐厅的主人,那些像他一样做小生意的人。

菲利普的卖点并不是咖啡如何好喝和高品质(当然,他确实会卖给他们一些非常高品质的咖啡),他真正卖的是对客户最关心的——他们的企业的支持。菲利普将自己的关注点放在通过提供商业策略、开发新产品、改进图样与销售计划以及室内装潢等来帮助咖啡店和餐厅主人将盈利能力最大化。作为交换,他们从菲利普这里以高价购买咖啡豆，因为他们所购买的远远不止咖啡而已。

这是许多人在其影响策略中忽略的关键区别。我们经常会意识不到自己真正的客户是谁，也不知道他们真正想要的是什么。

一个永久受用的建议：想要知道谁是你的客户？跟着钱走就行。想要知道谁是你的选民？顺着投票就行。想要知道谁站在你这一边？顺着爱和支持就行。

菲利普的公司能从由一个睡在工厂地板上的一人初创公司转变为现在的国际公司，原因就在于他以竞争者所没有的方式去专注地为他真正的客户提供服务。

换言之，他专注于他们最关心的事物，并根据他们的价值观来塑造了自己的价值观！

因此，若你想要提升自己的影响力，要始终想着："这对他们有什么好处？"

（三）展示你将帮助他们成为怎样的人

所有人类行为、我们所做的每个选择、采用的每一个决定最终都要经过自身认同感的筛选。换句话说，就是我们认为自己是谁，以及我们想要给世界呈现什么样的印象。

这体现在我们生活中的各个环节，人们的行为是源自自己的国家认同、性别认同、家庭地位、专业角色及其公众认知与期望。

重要的是，这些行为多为下意识且自发的，我们围绕着这些行为形成了潜意识能力感。这一感觉十分强烈，以致我们实际上会自动地采取与这些认同感相一致的行为。

最典型的例子就是文化，无论是国家认同、种族认同、社会认同、运动认同、公司认同和团队认同方面的文化：

- 东亚地区长大的人会觉得用筷子吃饭是种本能。
- 运动迷们会对自己不参加比赛的结果产生非理性的情绪和关注。
- 从事技术、银行和金融、军事、零售和专业服务的人都倾向于以所处群体贯有的方式着装、讲话和走路。

当然，这些是归纳的结果，但重点在于，我们的大多数行为都是无意识地向自己认同的方向靠拢。

第六章 影响力

这一倾向也会造成负面结果，当面临的需要重新定义对性别角色的期望、性别、种族偏见等问题时，我们往往会被文化认同所塑造的一些由来已久的信念所桎梏。并且，由于认同通常都是无意识的，因此极难改变。

但认同也是促生影响力的关键因素。

例如，由于苹果公司开展了非常有效的营销活动，人们不会说"我买了台麦辛托斯机"（Macintosh）或是"我买了些苹果的硬件"，而是更可能说"我是Mac用户"或是"我不是PC[①]用户"。

实际上，营销和广告行业便是一直运用认同感来说服我们某些产品能够使我们变成更酷、更时髦或是更被社会认可的人。它换着花样地说服我们去抽某个特定品牌的烟或是戒烟，开某个制造商的车而非另一种，或是在服装或瓶装水上做出特定选择。

政客们在试图吸引支持者和选民时也会激发大家的民族自豪感及社区认同感，想想我们有多频繁地听到"美国同胞们……"或"这太不像澳大利亚人了……"

---

① PC是Personal Computer（个人电脑），此处指苹果系统之外的电脑。——译者注

这甚至会在社区和家庭层面对我们产生影响，因为在这些层面，我们会具有很强的社会认同与融合感。事实上，即便是在今天，你从家人或亲友那里可能听到的最糟糕的说法就是"你变了"！

那么，认同感是如何帮助我们去激发影响力的呢？

认同感是多重因素的作用，不过我们为了便于大家记忆做了分类：

- 背景
- 信仰
- 行为

我们是在什么样的背景或情境下运作的呢？假如建立的信仰体系或行为与我们所运作的地理、社会或技术环境毫不相关的话，那便毫无意义。

我们作为一个群体所相信的真理是什么？我们的内部信条或理念是什么？这些信念中贯彻的价值层次是什么？

我们用什么行为、举止、符号和语言来加强我们的认同感并与我们所属群体的其他成员进行沟通？

最后,将认同作为一种影响力的工具,就是从告诉人们要做什么、买什么或支持什么转为向他们展示我们能够帮助他们变成什么样的人。认同感始终是可用于激发影响力的有力工具。

(四)培养自己的情商

丹尼尔·戈尔曼(Daniel Goleman)2005年出版的著作《情商》(*Emotional Intelligence*)风靡商界,那些根据感受来自我定义的人突然之间找到了理由,觉得自己比那些产生理性偏见的人更优越。

尽管当时认知的"软弱"与"情绪化"这类词相关(若我们够坦诚的话,便知道现在也是如此),情商(EQ)这一概念对学校、企业、人际关系,甚至对我们培养韧性和自我意识的方式都发挥着强有力的改变作用。

在研究过程中,我们发现人们对于情商有着多种定义(我们所探索的许多技能的情况也是如此)。但为了简洁与便于记忆,我们将其分为五大主要应用:

1. 亲和力:能够迅速让人们彼此之间以及与我们建立联系。

2. 流动性：能够进行跨文化和跨社会阶层的沟通。

3. 同理心：超越个人经历的见解。

4. 理解：明白行为和观点的驱使因素是什么。

5. 激励、引发他人的情绪反应。

关于情商这一概念最确定的一点在于，我们采访的人几乎都认为这是一种可以习得和培养的技能。事实上，许多人与我们分享了他们自己关于情商的"通往大马士革之路"（Road to Damascus）时刻的故事。

世界知名客户忠诚度与服务专家奇普·贝尔（Chip Bell）解释道，他认为与"不同于自己"的人相处并培养耐心、大度与包容，这点十分重要。

他补充道，很少有高管能够说出他们在大楼里每天见到的管理员和门卫的名字，但高情商的领导者或许可以。然后，他与我们分享了嘉信理财（Charles Schwab）首席执行官沃特·贝廷格（Walt Bettinger）的故事。当时贝廷格正在准备他的商业策略课程的期终考试，整个课程中他的表现都很好，学习刻苦并且感觉自己准备得

第六章　影响力

不错。当他走入考场，老师发给他们一张两面空白的纸。教授告诉学生们，最后他们只需要回答一个最重要的问题："这幢大楼的清洁阿姨叫什么名字？"贝廷格不知道，因此他考试未能通过，但他学到了领导力课程中最重要的一课。

她叫多蒂，但我之前并不知道。我与她照过面，但从未花时间去问她叫什么名字。自那以后，我努力去记住自己共事的每个"多蒂"。

情商就是去了解人，了解各种各样的人。假如你的情商高到能够明白人们为什么做某事以及产生某种想法，那么这便会非常有助于你的成功。

尽可能多地花心思去理解你身边的人，这是一项重要的技能。

科里·玛斯卡拉（Cory Muscara）是一名美国正念专家，他是"奥兹医生秀"（*The Dr Oz Show*）的常驻嘉宾，或许你在节目中曾看到过他，全球上百万的人在使用他的冥想法。他告诉我们，需要建立联系和同情的任何事都不能外包，而身边围绕"能与你的思维共舞并知道对你而言什么是重要的"的人，就是成功的关键。

这就是情商的实践，伟大的领导者、朋友、教师和同事都是如此。他们能够运用情商去影响他人，激发他人的最大潜能。他们知道我们是怎样的人，能成为怎样的人，并且激励我们发展成更好的自我。学着提高情商并且发现是什么能够让人们发挥最佳潜力，这不仅是一项有用的技能，也是世界越来越需要的一种技能。

换句话说，若想要提高自己的情商，那么就需要偶尔将自己的关注点移到自身之外、自己所处的行业之外、自己特定的世界观之外，并扩充自己的情绪味蕾。这项能力不仅是去感受情绪，还要阅读并理解情绪，从而帮助我们与身边的人以及我们希望影响的人建立更强有力的联系。

（五）通过故事来分享你的想法、价值观和指令

故事是人类所拥有的最古老的沟通方式之一，也是产生影响力的有力途径。

虽然现在人工智能或许可以识别流行故事中的模式，然后生成自己的故事，但通过人工智能难以复制的则是人类通过分享含个人

第六章 影响力

经历的故事来吸引他人的这种能力。

澳大利亚足球联赛四次超级杯获奖球队教练阿拉斯泰尔·克拉克森（Alastair Clarkson）在福克斯足球（Fox Footy）频道《一语中的》（On the Mark）节目采访中对此进行了解释。当其中一位主持人凯尔利·安德伍德（Kelli Underwood）提到克拉克森因擅长讲故事而出名时，克拉克森回应道：

我尝试跟他们讲述我成长过程中的故事，我的童年，我的脆弱和遗憾，并尽可能让这一切都显得很平常，这样他们也会对我讲述他们的故事……

从根本上来讲，克拉克森是想试着通过讲述故事来营造一种良好的环境，使球员能够在作为球员发展的同时，也能够促进人际关系的良好发展。从克拉克森的回应中我们可以看到，他不仅运用故事来激励、告知和领导队员，同时也将其作为制造有影响力的个人常规反馈机会的方式。

然而，我们经常会轻视故事对我们沟通和影响力策略的作用。或许是因为我们从小时候就开始接触故事，又或是因为我们对故事太过熟悉以至于我们容易认为讲故事非常简单而未将其视为一种技能。事实上，这个模式相对简单，并且已被复制了多年。

故事会有开头、过程、结尾，结论处还会得出某个寓意或教训。

经典的叙事结构则会探索更细致的故事组成，例如约瑟夫·坎贝尔（Joseph Campbell）所著的精彩的《英雄之旅》(*Hero's Journey*)。故事组成如下：

- 普通世界
- 探险召唤
- 拒绝召唤
- 遇到导师
- 超过标准
- 测试，敌友
- 探索自己内心深处
- 严酷考验
- 回报
- 返程

第六章　影响力

- 复活
- 带回灵丹妙药

这一著名的结构已直接或直观上影响了你可能看过的每部小说、舞台剧和电影。然而，要运用讲故事来增强影响力，你无须变成剧作家或是莎士比亚。

我们曾与在商业中讲故事的世界权威人物加布里埃尔·多兰（Gabrielle Dolan）对话，她为全球各大组织和教育机构讲授如何在商业中讲故事，我们想知道她是如何将讲故事作为影响力的一种工具的。

多兰解释道："无论你是需要实施新的战略、价值观或愿景，或重振团队，讲故事都能够帮助你吸引同事和客户，并与之建立联系。"

讲故事还有助于帮助我们整理所有有助于影响力这项永久技能的工具。

故事能够帮助我们：

- 传播我们真正销售的东西。

- 协调我们与服务对象的价值观。

- 以一种感性的、引人入胜的方式呈现一些案例,来说明我们的文化认同是怎样的。

- 不一味追求逻辑合理,而以情感打动客户。

由于故事的这种情感丰富性与紧密联结,我们很容易从中有所启发。

以新西兰航空公司前首席执行官拉夫·诺里斯(Ralph Norris)的故事为例,据传他当时乘坐的航班人手不足——一名员工生病了。看到乘务人员们在吃力地提供着服务,他从座位上站了起来去帮助他们。

他为乘客派发餐食,重要的是,他作为一名领导者服务了自己的团队、公司和品牌。

最重要的是,通过讲故事,我们的想法会被不断地传递,这样一来我们的影响力也就会不断增强。

若我们希望赋予我们的想法和思考生命力,那么就必须要具备影响力。在第一部分中,我们阐述了创造力的重要性:促生更好的

第六章　影响力

想法、更创新的解决方案,更灵活地应对我们在工作和生活中所遇到的挑战。我们的研究表明,提升这些想法、解决方案和应对方式的影响力也同等重要。对于领导者也一样:若我们无法拓展用户、得到认可,并鼓舞他人朝着共同的目标前进,那么就永远无法实现我们的潜能。许多很棒的想法和人之所以会失败,不是因为他们自身有什么问题,而是因为他们没有被认可。

坦白地说,缺乏影响力的想法和人都是无能的。

第七章　团队建设

<u>事实证明，最难掌握的莫过于软技能。</u>

与全球领导者和各大组织合作的30年里，我们尚未听谁说过："我们的人都很优秀，问题都在于基础设施和流程。"

事实上，我们在生活中（以及纵观历史）遇到的大多数问题，无论是专业的或是个人的，通常都是出于人际（无论是人与人之间，或是集体与集体之间）沟通和理解的不畅。然而，即便团队和联盟本质上可能存在这一风险，建设团队并发展赛斯·高汀（Seth Godin）所说的"部落"（tribes）依旧能够带来惊人的益处，未来也会如此。

要说明这个观点，可以参考盖洛普公司的《全球员工敬业度研究》(*Global Workforce Engagement Research*)。每年，盖洛普公司都会进行一项研究来衡量员工的敬业度，但坦白说，研究结果通常都有点令人沮丧。2018年公布的新近研究基本也反映了前几年搜集到的结果，员工不敬业度依旧如同前几年，保持在50%左右，其中主动不敬业度（指实际上在破坏组织的其余工作的人）另占20%。

因此，结果就是有近70%的员工或不喜欢他们所做的工作，或对其抱有厌恶情绪。

情况堪忧！但也有好的一面：这一年度报告中反映的有趣的一点是，那些拥有敬业的员工以及团结合作的企业文化的组织在生产力、盈利能力甚至客户满意度方面都远远超过标准值。

换句话说，当你的员工能够很好地共事，那么其他一切也都会随之变好。这也是件好事，对吧？

我们在建立团队、分组工作、寻求他人帮助以及鼓励组织中的其他成员等方面的能力包含许多重要行为：合作，交流想法，在允

第七章 团队建设

许他人做出贡献并改变我们工作的同时对活动的进展进行把控。因此，虽然这种行为很大程度上属于十分严肃的范畴，且应用于重大的商业和社会事业，但它听起来也像是个游戏。

《游戏改变者》(*Game Changer*)的作者杰森·福克斯博士（Dr Jason Fox）常常说为何游戏和游戏化实际上是非常严肃的业务。他告诉读者和观众："游戏，是经过精心设计的简单工作。"

而事实上，这一游戏似的活动——建立团队、分配角色、与他人协作——体现在我们的集体历史和生活之中，体现在我们童年时代的互动之中，也体现在我们成人后的管理与领导角色之中。

使团队建设成为永久技能的关键因素：

- 不断提升的复杂程度以及对专业化的需求。
- 个人成功的神话。
- 没有完美的个人，只有完美的团队。

我们进行的工作特性现已愈发复杂多面，因此，这就需要我们具备更专业的技能，并且与其他领域的专家进行合作。

肯尼斯·布兰查德（Kenneth Blanchard）广为流传的格言便着

重强调了这一点:"没有完美的个人,只有完美的团队。"(None of us is as smart as all of us.)

尽管西方世界喜欢歌颂"孤军奋战的英雄"或是"白手起家的企业家",但实际上没有人能够完全仅靠自己去完成一件事情。我们都受益于他人建造的基础设施(如交通、通讯和互联设施),我们都使用共同的法律框架和贸易协议来保护我们的知识产权、员工及商标。此外,我们都是在社区之中行动,需要同事的支持、认可和接洽。

简言之,个人成功从来都是虚构的,团队成功才是事实。

要想更好地协调他人、促进团队协力合作,并营造共同的目标与合作的文化,你需要做到以下几点:

(一)打造值得归属的文化,

(二)打破藩篱,

(三)使团队(及输入)多元化,

(四)建立"完整"的网络,

(五)将成员彼此(而非仅与你)建立联系。

第七章 团队建设

（一）打造值得归属的文化

多年来，我们与工作文化公司（Cultures at Work）的首席执行官迈克·亨德森（Michael Henderson）有过多次对话。迈克是新西兰的一位文化专家与企业人类学家，在观察、建议和培训组织如何提升企业文化、员工成就感和客户满意度方面有着超过25年的经验。

他经常会说些睿智的话，例如"你无法超越自己的文化"。

文化当然并不总是正面的，它也并不总能产生我们想要的结果，因为文化从根本上来讲是价值观的作用以及这些价值观转化为行为的方式。"价值观引导我们的注意力并给予我们能量。"迈克解释道，"它们也是我们用来衡量环境的过滤器。"

因此，在我们想要了解文化在协调和指导员工共事、团队协作以及管理员工的表现与敬业度方面的作用时，迈克的名字第一个出现在了我们的脑海中。

迈克在其2012年的著作《引领你的部落》（*Chiefing Your Tribe*）中阐述了打造文化的三大要素——协调（Coordination）、协作

（Cooperation）、合作（Collaboration）——之间的区别与联系。

迈克认为这三者有如下区别：

1. 协调是关于与"帮手"共事的十分实用的功能，它是指确保在正确的时间将正确的信息与正确的人建立正确的联系。

2. 协作更多地是关于"头脑"，要求更多地考虑相关的人与个体，而不是仅仅关注结果。

3. 合作更多地是与"心"有关，以及文化是如何作为一个有机体来发挥作用。某项工作是否在涵盖了所有相关人员的同时丰富了社区？某项工作能否对社会有益并且令个人享受？

那么这三大因素是如何共同打造企业文化的呢？

迈克与我们分享了新西兰毛利族的故事。在毛利族中，他们的首领被称为Rangatira[①]，翻译过来就是"人民的织工"，这是一种生动的视觉隐喻，使我们将文化视为一种织物。

迈克告诉我们，对于毛利人而言，"他们更在意中心力（centre-ship），而不是领导力。"他解释道，毛利族的领导者必须愿意置身人

---

① 毛利语。——译者注

民之中，作为他们其中的一员，而他们的文化则是从中心开始向四周辐射，而非从上至下的等级分明。

迈克建议道，合作文化需要具备"值得追随的领导者、值得从事的工作、值得归属的文化，并生产值得分享的知识"。

那么，我们怎样确保文化相联，且想法与信息得以自由公开地分享呢？

（二）打破藩篱

"打破藩篱"现已成为公司中常见的宣言，能让人联想到开放办公室、头脑风暴环节，以及写满创新想法的彩色便利贴装饰的墙面。老实说，这些画面却让人有点怀疑。

但是，藩篱这一概念实际上比较浅表且有点局限，因为它会促使我们将藩篱视为一种物品而非心态。实际上，藩篱并不一定是具体的。我们人为地对信息进行分区，划分职能与责任，设置不同的专业部门，而这事实上却削弱了我们内部沟通的能力，减少了观点"愉快融合"的机会。

我们与Xero软件公司的亚洲与大洋洲总经理特伦特·英尼斯（Trent Innes）就如何更好地管理员工，提升创造力，促进想法与信息的共享，以及促进团队合作进行了讨论。

他最初的观点完全是以客户为中心："客户不会局限于藩篱或部门来进行思考——我们也不应如此。"他补充道，"我们是服务多元客户的多元工作人员。"

换言之，虽然这些藩篱对企业规划或组织流程表或许有用，但它们并不总能反映我们内部的团队体验如何，以及外部的客户及社区体验如何。

特伦特继续解释道，藩篱还会在团队成员间造成妨碍，为客户服务带来障碍，"打破这些藩篱对于更快地实现共同目标而言至关重要"。

那么，既然藩篱并非好物……我们要对此采取什么措施呢？

特伦特建议道，在对抗组织中的藩篱和派系时，"同理心非常重要"。

换言之，为了减少或消除藩篱式行为，我们首先必须改变"我们"和"他们"的参考点。我们越是抱怨"会计人员",便越不可能将其视为我们的团队成员并借助他们的力量实现个人价值和公司目标。

这也是广告界在《广告狂人》时代学到的经验。比尔·本巴奇(Bill Bernbach)(以及其他人)认为,成立一个"创意团队"来就某一项目进行协作会优于不同职能部门专注其各自的流程,这一团队建设的方式改变了整个行业。

随着世界愈发复杂且紧密相连,我们必须解决的问题也会要求更高水平的创意与交互性,必须建立能够促进联结与交流的团队和组织。

话虽如此,我们如何确保建立了正确的联系、确保正确的人以值得尊重且开放的方式与彼此交谈呢?

(三)使团队(及输入)多元化

2014年,研究人员与麻省理工大学进行了一系列实验来测验多元工作场所和开放合作的效益,这些测验结果显示并且着重强调,多元化不仅是个值得拥有的优秀特点，而且它实际上能够提高我们的集体智商。

多元化与合作能够帮助我们避免情境盲点，因此十分重要。若一个房间里所有的人都是具有相似技能、经验和专业知识的同类，那么新想法和新观点便十分有限。但是，不同的观点和各式的经验则能使我们获得更丰富的信息，产生更多的想法和创新点。

专业的最大挑战之一是我们可能会被自己的知识束缚。换句话说，我们对于事情此前的处理方式或应该采取的处理方式太过了解，以至于我们经常会疏忽其他可能的处理方式。

根据我们采访的对象所提供的内容，关于多元化的讨论中，重要的是我们并不将其视为公司的社会责任义务，而是将其视为一种重要的商业和社会资产，使我们能够获得本未考虑到的观点。

在我们的研究中，个人层面、社会层面、团队层面和组织层面都反复提及其重要性。

普华永道的咨询管理合伙人尼尔·普拉姆里奇（Neil Plumridge）对其是这样描述的："你需要去阅读自己兴趣之外的东西，并且寻

第七章 团队建设

求外部的输入。"

产品工程、创新与设计思路领域为尼尔这一论断提供了有力的支持。我们常常会发现，业内的成功创新和新想法实际上经常是由外部人员产生的。

我们此处真正想表达的是，多元化能够帮助我们避免智力的"近亲繁殖"。当然，追求想法的多元化通常是说起来容易做起来难。

创新界常出现这种情况，新的流程、产品和服务通常就是一个行为领域到另一个领域的改编。请工程师去解决一个工程问题，那么你极可能获得一个意料之中的工程反馈。而如果让零售商、医疗工作者及用户体验设计者去解决同样的问题，那么获得的解决方案可能会带有多元的元素，从而为你带来本来不会发现的解决方案。通过扩展团队来拓宽输入，这是一种极为有力的策略，或许也是团队合作的真正意义所在，我们喜欢称这一输入多元性为"复仇者原则"（The Avengers Principle）。一定程度上是因为我们喜欢电影和漫威，但主要是因为它能够提醒我们，在组建实力团队时，你不会希望自己团队成员的技能都相同。想想看，你肯定不会想要五个浩克①，对吧？那就会有太多的浩克了（虽然如果是5个美国队长的话，我们大多数人应该都可以接受）！然而，这却是我们经常会遇到的情况。

我们在组织团队结构中发现的最大挑战是，领导者和管理者总倾向于雇用类似他们翻版的员工，而他们却将其称为"多元化"。首席执行官在向我们介绍他们团队时，我们常常会看到首席执行官的中国版、印度版、法国版、男版或女版（取决于他们自己的性别）等。

虽然这也是多元化的一种定义，但我们所进行的对话极可能只是带着不同口音的相同版本罢了。

当然，种族、性别与性的多元化极为重要。不可否认，我们能够将其作为一个筛选程序来建立经验丰富且各自都十分有力的团队。然而，大家通常会忽视的是对认知多元化的需求，即思维和处理风格的多元化。

全球招聘公司任仕达（Randstad）的澳大利亚首席执行官弗

---

① 美国漫威漫画旗下的超级英雄。——译者注。

兰克·里布欧特（Frank Ribuot）表示，因为我们的工作愈加复杂，所以多元化与合作能力比以往更加重要。

但他同时也表示，我们需要有意识且战略性地去做这件事，而不是仅仅等多元化"浮现"。

弗兰克提出了新增人员前可问的五个问题，它们能够作为有效的筛选程序来确保在不牺牲团队效率和凝聚力的同时保持其多元性：

1. 他们是否会挑战我？

2. 他们看待世界的方式是否与我不同？

3. 我是否喜欢他们？

4. 我是否信任他们？

5. 我能否和他们相邻坐5小时以上的航班？

弗兰克提出的这些问题以及我们与他进行的更多对话表明的是对尊重的需求。换言之，重构思维多样化需要基于贡献与改进的视角，而不是简单地为了"符合公司的标准"。

鉴于尼尔和弗兰克的建议，我们如何在寻求人员与输入的多样性方面更具战略性呢？

（四）建立"完整的"网络

鉴于我们会十分自然地倾向选择与自己想法相投的人，那么我们应该将谁纳入我们的团队以及我们的个人和职业圈子呢？

多年里，我们同关系合作专家珍妮·盖纳（第四章中曾提及）之间就这一话题进行了多次对话。基兰与珍妮常常为全球各地的跨国公司进行领导力培养项目，而珍妮也经常受邀作为我们不可能性学院领导力项目中"合作或关系建立"主题的专家。换句话说，她在确保我们自己网络的完整性上发挥着重要作用。

无须完整了解珍妮在这一领域的工作，她对我们在网络中需要的四种关键人物以及宁缺毋滥的四种性格类型的建议就很值得考虑。

- 促进者。促进者指的是激励我们成功、在一旁支持我们梦想和潜力的人，他们希望我们能够进步更多。
- 后勤维修人员。我们的后勤维修人员指的是支持我们、"修

第七章 团队建设

理我们",并且在艰难时刻使我们继续前行的人。他们帮助我们建立抗打击能力,帮助我们不被挫败情绪吞没,他们希望我们能够关心更多。

- 导师。导师帮助我们增长知识、提高意识。他们或是已达到我们想达到的水平,因此可作为导师,或只是挑战我们对某个问题的思考与理解,他们希望我们知道更多。

- 硬茬儿。我们都知道这些人,但他们通常未受到充分赏识。他们一般十分了解我们,应该说太了解我们了。而他们通常不会对我们的胡说买账,也不会让我们蒙混过关,他们想要我们做得更多。

盖纳还建议道,我们应该要注意避免在团队和圈子里纳入下列类型的人:

- 消耗者。消耗者喜欢让你保持渺小的状态,让你对自己充满怀疑,并会鼓励你停留在条条框框里、保持现状,他们希望你退步。

- 暗中破坏者。你是否体会过如芒在背的感觉?这就是暗中破坏者会给人带来的感觉。他们表面上对你很友好,但会让你觉得你总是需要防御并为自己辩护，他们希望我们不要太在意。

● 评判者。当然，好的评价是好事，但当其滋生消极情绪或限制你的潜力、制约你的发展时，评判者便成了毒药一般的存在，他们希望我们知道得更少。

● 好战者。这类人是难啃的硬骨头，你会觉得在努力获得成功的路上每天都需要与他们纠缠。他们对你的质疑并非因为严格要求或是改进的需求，而只是单纯找茬儿，他们希望我们做得更少。

显然，我们的联盟和团队里需要有各种不同的思考和能力的人，但事实是，没有人是具有单一方面才能的。实际上，与我们职业相去甚远的个人兴趣通常都是极为有用的，并且使我们能够有更广阔的认知与见解，即便是在我们自己的思维之中也能如此。

对于组建完整的团队或联盟最后要注意的是：专注结果，而不仅仅是角色。换言之，不要因为职业头衔或是职业内容限制了团队成员贡献的能力。我们需要更多的人来将自己全身心投入到其生活的方方面面，这个需求将永远存在。

（五）将他们彼此（而非仅与你）建立联系

当你只与团队的一名成员建立关系，你拥有的仅是单一的联系，因此一旦失败，便无后援。当整个团队团结在一起，并且因成为联盟的组成部分而获得社会与个人回报及地位，那么便存在多重联系，这意味着某个点的失败并不会造成灾难性的后果。

许多采取"魅力英雄"（Charismatic hero）风格的领导者总易犯这一错误。

当然，将自己看作是所有人指望着的能够鼓舞人心的领导者，这是一种极具诱惑力的想法。领导者的自我意识会想着："在我用高尚的理由去激励他们前，他们的生活毫无意义！！！"这会使我们觉得自己高人一等。但是，其中却蕴含着致命的缺点——我们！

在建立有效团队的过程中，更优的战略是建立"网状"的互联关系，而非"塔状"的关系。

假如有更多个体将自己视为宏伟事业的组成部分，助力打造更宏伟的蓝图，那么他们便越可能认为自己是被不可逆地联系在了一起。

这就需要我们执行前述的团队建设的所有方面：要能够打造值得归属的文化基础，使想法和信息能够在具备不同经验与专业知识的多元化团队间自由交流。最重要的是，它需要打造一种环境，使人们觉得自己不仅是与领导或是与事业相联，而且也与其他所有人相联。

团队改变了历史，曾打倒了帝国，又建立了帝国，他们推动着人类前进。对于团队合作、团队建设以及利用集体力量的需求永远不会减少，而且极可能会不断增加。这意味着使团队良好协作、团结团队、领导和鼓励团队的能力是项永久需求的技能。

第八章 信 任

<u>一个人的名声并非自己对自己的评价，</u>

<u>而是人们当你不在场时对你的评价。</u>

2016年4月在《纽约时报》发表的一篇访谈中，Shopify[①]首席执行官托比亚斯·卢克（Tobias Lütke）描述了一个他们用来衡量团队成员间信任程度的比喻，他们将其称为"信任电池"（trust battery）。

---

① 加拿大电子商务软件开发商，其提供的服务软件Shopify是一个SaaS领域的购物车系统，适合跨境电商建立独立站，用户支付一定费用即可在其上利用各种主题/模板建立自己的网上商店。——译者注。

它代表着我们都很熟悉但可能不会总是下意识地去注意或不知道如何去表达或创造的事物：信任。

托比亚斯大概描述了这一过程：刚开始在组织内工作时，你的电池电量为50%。随着时间流逝，电池的电量会根据你与团队其他成员的互动而增加或减少。你是否遵守自己的诺言，并与团队的其他成员高效且和谐地共处呢？

从根本上来说，它为Shopify的团队提供了一种共同的语言和视觉隐喻，使他们能够讨论什么是人类能够本能地以极为可行且容易关联的方式去做事情。

这是项从始至终都十分重要的技能的一种现代表达，信任能够巩固我们的人际关系，增加商业销量，提升我们在组织中的地位。

而归根结底，信任受名声影响，也对名声起着维系作用。我们在自己领域是否是受信赖的权威？团队中是否有靠得住的成员？当其他人受到威胁时，我们是否是他们能够依靠的"首选"专家？

信任是相当脆弱的东西，得来不易，失去却是一瞬间的事。正如一古老的荷兰谚语所说的那样："信任来时是走着来的，离开时

第八章 信 任

却是骑马飞驰而去的。"信任之所以如此脆弱易逝,部分原因在于信任和名声很大程度上与他人的观点相关。例如,若你告诉我们你擅长某事,这是一码事儿。但若我们信赖的某人告诉我们你很优秀,那么又完全是另一回事了。

换言之,产生信任的能力需要的不仅是向他人传播你的用处和专业知识的能力,还需要能够证明你能说到做到。

美国哲学家拉夫·沃尔德·爱默生曾有妙语道:"你的行为动静如此之大,我都听不到你讲的是什么了。"

使信任成为永久技能的关键因素如下:

- 随着人们获得信息的渠道越来越多且愈加直接,责任也在不断增加。
- 我们的联系更加紧密,意味着观点会被更快、更广泛地传播。
- 信任胜过真相(这一事实使我们许多人觉得不安)。

随着世界互联性增加,不只是资金雄厚的大公司,个体也能够产生极大的关注度和权威,因此信任的重要性只会呈不断上升的趋势。

这一互联性使我们的观点和见解能够以更快的速度进行分享、浏览和传播，它还使得世界上的大卫①们都能够使哥立亚们担起责任。不满的顾客以前只能致电投诉中心，然后与大型跨国公司的员工进行私下对话。但现在，他们可以在推特上表达他们的不满，我们也能观察并评价该公司如何在这个十分公开的平台进行回应。

在我们进行的访谈与研究中，信任被定义为终极无形资产。因此，我们将其视为永久技能之一。

要想增强信任，你可以：

（一）培养一定的思想领导力，

（二）培育自己的团体，

（三）讲述带有弱点的事实，

（四）练习"故事—实践"，

（五）使你的想法变得"可传递"。

---

① 大卫是圣经故事里的一个英雄，年纪轻轻就上战场对战身形巨大的巨人哥立亚。——译者注

第八章　信　任

（一）培养一定的思想领导力

"思想领导力"已成为热门的公司术语，但可能被过度使用且并未被很好地理解。

从我们的目的来看，我们将思想领导力定义为专注某一特定领域或技能组合的高程度专业知识或能力。换句话说，它是人们寻求你帮助的原因，因为他们知道你在业内是最顶尖的。

我们与全球思想领袖公司（Thought Leaders Global）创始人和主席马特·切奇（Matt Church）为了讨论这一概念私下谈过好几次。

马特对思想领导力的定义给我们的定义增加了一些重要的背景。

他表示，思想领导力并不仅仅是专业知识，它实际上需要的能力是创造能增加专业领域现有知识与智慧标准的独特的新知识产权。

换言之，这是一种推动自己在所在领域前进的能力，是一种推进与扩展，而不仅仅是理解与复述。

我们认为这是十分重要的区别，因为世上有许多专家虽然在职业或职位上能力很强，但他们对自己的专业领域并未有何贡献或是新增些什么。必须注意的是，马特认为这些专家在促进理解现有集体智慧方面依旧发挥着重要作用。许多教师的角色便体现了这点，无论他们是否为这一领域增加新的知识产权，他们依旧发挥着极为重要的功能。

然而要成为思想领导者，根据马特的定义，得是能力强、并在其领域深受信赖且权威的专家，你必须在前人的成就上添砖加瓦。换言之，正如我们在致谢中提到的牛顿的名言，通过"站在巨人的肩膀上"来看得更远。

史书记录了许多这样的思想领导者（我们确信还有更多人未被载入史册），而他们会以书的形式或者我们大脑记忆的方式继续对我们产生影响。思想领导者会推动我们前进，通常，他们会挑战我们，挑战我们的思维方式、做事方式以及安于现状的心态。这意味着如果我们想要进步，就会永远需要他们。

思想领导者的能力不仅仅是理解自己的专业或社会领域，而是对其进行改进。这一能力能够增加你的权威，提升他人对你工作的信任，学习思想领导力需要的一些技能将是项聪明的投资。

第八章 信 任

（二）培养自己的团体

想要获得信任，你并不需要成为名人，只需要成为自己的团体、公司或同辈在需要专业指导、倾听或认可的时候会去找的那个人即可。

我们在访问法国餐厅老板大卫·比东（David Bitton）时便立刻十分明显地感受到了这一培养团体的能力。

少年时期，大卫便离家踏入了五星级酒店和高级餐厅的世界，这是一段能够周游世界、进入全球最出名的一些厨房的旅程。

他很早便从自己一位导师那儿学习到的经验便是走出厨房，与自己服务的食客进行对话，去了解他们以及他们所关心的事物。比起这一路上学到的所有食谱或烹饪技巧，这一经验对于大卫的成功或许更具决定意义。他及时知道了自己需要让客户去"见见企业背后的人"，从而建立充满信任与吸引力的团体。

他便是基于这一哲学理念来建设自己时髦的小咖啡厅"比东"（Bitton），人们经常会看到他在店里走动并与顾客互动。而且他的顾客很多都是近20年的常客，会时不时地继续几个星期前的对话……有时谈论的话题甚至会是几年前的!

他用法国人喜欢使用的表达解释道:"我希望我的员工能够向进店的每个人示爱。"他的目标是为顾客在家之外打造另一个熟悉和安全的家。

不过,大卫建立起来的联系不是仅限于他自己或他的员工与食客之间,他与咖啡厅的常客之间也建立了联系。在比东咖啡厅喝着咖啡看来来往往的常客就仿佛在看美国情景喜剧《饮胜》(*Cheers*)。你几乎都能想象一个胖胖的当地人走进店里然后招呼道:"嘿!老样子!"

当然,大卫在这么多年里也积累了自己的名声,并且作为客座知名主厨经常出现在电视节目之中。但这并不是人们光顾比东咖啡厅的原因,他们来这边是为了被人注意到、被人认出,是为了获得特殊的体验感。大卫打造的这个空间能够让他的食客感受到安全、紧密相连和被信任。

与那些步行就能到达或者上下班路过的大多数服务当地社区的餐馆和咖啡厅不同,比东咖啡厅已成了一家"目的地"咖啡厅。换

第八章 信 任

句话说,大卫所建立的社区如此强大并且具有吸引力,以至于人们愿意大老远地跑来参与其中,成为其中一分子。

大卫·比东所打造的团体和名声是其企业和商业成功的核心所在。"当然,这里的食物和咖啡都很不错,但这不是人们常常光顾比东的原因。"他解释道(尽管承认这一点对于受过正式训练的法国厨师而言很难)。

最终,顾客是为了这个团体前来,因为他们知道在这里,他们会受到欢迎,能够享受公共体验,也因为他们信任那些为他们服务、欢迎和接受他们的人,这种体验所满足的需求将是一种长期的需求。

(三)讲述带有弱点的事实

扬长避短在营销、广告和品牌行业中十分常见,但在我们的职业生涯以及本书的研究中,我们会发现能够获得最大信任的是那些愿意承认"不愿面对的真相"[借用美国前副总统阿尔·戈尔(Al Gore)的话]的人,是那些展露自己弱点而显得更人性化的人。

我们在采访好友、商界名人杰夫·海兹利特(Jeffrey Hayzlett)

时便很难忽视他身份的影响力。

杰夫是一家美国500强公司的前高管之一，是美国总统特朗普的节目《学徒》(The Apprentice)的名人商业顾问，还是高管联盟（C-Suite Network）的创始人和董事长，该联盟是旨在帮助首席高管们维持其地位的传媒与咨询机构。

杰夫很快获得了身份与地位，这名南达科他州的小男孩在纽约大获成功。他十分具有影响力，为人直爽并且善于表达。每次遇到他的时候，他都穿着带有闪亮彩色镶边的夹克、牛仔裤，脚踏牛仔靴，他形容自己是"商务牛仔"。

他并没有隐藏自己的老家是哪里，而是将其转变为一种资产。他知道在世界上的许多地方，大家对美国人……让我们称之为"褒贬不一"。但他并没有对此避而不谈，而是会对其进行强调。

当他在美国之外的地区登台时，他会说："我知道你们有些人肯定会想：'好吧，又是一个聒噪、固执的美国人！'哦……还真是被你们猜中了！"

换言之，杰夫将本可能是弱点的身份转变成了资产。

第八章 信 任

当然,意料之外的坦诚也能够在危机之中建立信任。

几年前,我们有幸在泰国曼谷与理查德·钱皮恩·迪克雷斯皮尼(Richard Champion de Crepigny)同台。

理查德是QF32航班的机长,该航班机型为A380,从伦敦飞往悉尼,途经新加坡。飞行途中,发动机非包容性故障导致机翼上出现了巨大的洞(这是所有航空专家都认为不理想的一种情况)。

理查德在曼谷进行的演讲是他第一次在公开场合分享他的这一经历,令人震惊的是他对此次危机的应对现已影响澳大利亚航空的应急策略,并在全世界得以采用。

演讲结束后,我们对理查德进行了访谈。我们最感兴趣的是他的应对策略与当时的其他飞行员有何不同。我们发现最关键的差异可能就是理查德能够"过度分享"。当时,他会不时地与乘客保持联系,并且比通常情况下更频繁且更公开地分享最新情况。结果如何呢?尽管机舱里的乘客都能看到窗外正在发生的危机,但他们都保持着冷静。

当我们对情况不确定时,疑惑、不确定性以及无助感便会滋生恐惧与担忧。若此时无人负责、无人控制局面，或是无人可联系的话，这些恐惧就会加剧。恐惧会升级为恐慌，而当我们的情绪与逻辑彼此反馈并加强，这种恐慌就会迅速扩散，这些情绪通常比问题本身更令人害怕。告诉大家事实，向大家解释发生了什么、将会发生什么以及大家必须要怎么做。当你觉得自己的沟通很充分的时候，再更进一步。当你缓解了人们的恐惧，给予他们通往安全的路，此时便会收获平静、团队合作和信任。

在那种情况下，否认飞机出事并无意义。说明情况以缓解乘客的恐惧并加强他们对领导者的信任，这才是有意义的做法。公开真相、保持谦逊、展露个人弱点，这种做法能够使人觉得更值得信赖。这一点应该也是意料之中，因为其蕴含的逻辑完全在理。如果你对负面的事物也能够保持坦诚，人们自然会相信你并且投以信任和支持。

那么，弱点是如何满足人们对真实性的期望并促生信任的呢？此处需要明白的关键点是，通过表现出脆弱、谦逊、毫无隐瞒，我们能够给人留下公开坦诚的印象。通过自谦而非自夸，我们能够建立一种没有什么可隐瞒的印象——而这种印象经常会转为信任与吸引。

第八章 信 任

这一现象使我们想起长白云之乡①最杰出的组织。虽然新西兰的全国人口数量只有一个中等城市人口数那么多,但其国家队新西兰全黑队(New Zealand All Blacks)却主宰全球橄榄球比赛几十年。

除此之外,《讯息中心体育报》(News Hub Sports)上的一篇文章写道,全黑队获胜率据报道高达77%,这是在职业体育中几乎前所未闻的一个结果。

他们的超能力是什么?脆弱与谦逊的民族精神。

他们的团队文化所围绕的理念是,没有哪个个体比团队或是团队前辈们更为重要,这在他们"清理休息室(sweeping the sheds)"的做法中便可见一斑。

大卫·肯尼斯(David Knies)在其著作《突破》(Breaking Away)中解释道,他们每次比赛结束后都会清扫休息室,"即便是再小的细节,大家都不能忽略——包括训练或比赛结束后清理干净衣帽间,无论你是什么身份,打扫休息室都是你的职责"。

这是我们通常印象中的世界级运动员吗?还是说我们想象中的

---
① 即新西兰。——译者注。

是毫无节制、过度自我膨胀的媒体形象呢？

全黑队相信他们的传统、礼仪、队员和领队。

有弱点、谦逊并且透明，全黑队打造了公开的群体与文化。没有人觉得需要自夸，而信任便随之形成。

信任的力量十分强大，古往今来，始终如此。

（四）练习"故事—实践"

"故事—实践"是我们前面提到爱默生名言的一种具体体现，也可将其表达为："当你言出必行，便会被口口相传。"

这一想法在我们采访谢普·海肯（Shep Hyken）时便得以体现。

谢普是美国乃至全世界最具影响力的客户服务专家，他的畅销著作《惊奇变革》(*The Amazement Revolution*)便是提供超越客户期待服务的一个证明。

我们与谢普坐在一起，讨论为何他认为培养"以行动为基础的名声"这一能力对打造个人品牌、在业内和群体内树立权威，及形成良好口碑而言都至关重要。

第八章 信 任

谢普奉行的指导理念是，人是在与人做生意，而不是与机构做生意，网上生意也不例外。"这是极大的责任。"谢普补充道，"无论你在组织内的角色是什么，你都十分重要并且会产生影响。"

这点在谢普看来十分关键，例如航空公司的声誉在每一个接触点都十分脆弱。可能航班准时了，食物令人满意，舱内服务也超出预期，但若托运行李延误或损坏了，这一体验就会损害整个航空公司的声誉。

相反地，如果发生了一些令人惊奇的事、预料之外的事、令人惊讶和兴奋的事，我们便会逢人便讲述这些事。

这就是"故事—实践"的本质所在，要能够做一些十分突出的事情，使得人们忍不住想与他人分享这一故事。

这与个体及领导者树立个人和专业名声息息相关，也与大型组织打造自己的强大品牌密不可分。在这两种情况中，我们都经历过失信或未达预期的情况。同样地，我们可能也都经历过相反的情况，当我们不仅达到了预期，还远远超出了预期，以至于我们不得不分享这种情况。

记住我们姓名、生日或是最爱的座位的餐厅员工，对客户表现出异常关注或同理心的零售商，会花时间帮助我们改进表现并且了解、满足我们需求的领导者，这些都是我们会与同辈和朋友分享的体验。没人会去分享预料之中的事——我们只会分享和传播那些值得称颂的事迹。

这就涉及接下来的第五点……

（五）使你的想法变得"可传递"

根据尼尔森（Nielsen）2015年全球广告信任度调查（Global Trust in Advertising Survey），88%的人在做出购买决定前会听取朋友的推荐（该数据在全球许多地区实际上已超过90%）。

这种对朋友和同辈推荐的依赖屡见不鲜。我们绝对相信在古希腊的山上，那些穿着希顿古装和凉鞋的人会靠在邻居家的篱笆上问道："我在考虑买头驴……你知不知道哪家卖驴的比较好啊？"

不过，数字革命以我们未曾预料到的方式强化了这一行为，即便是在10年前我们也未曾想到会发生这样的变化。

第八章 信 任

例如，猫途鹰（Trip Advisor）可以说是全世界最具影响力的旅游组织（或之一）。这个公司自己并没有拥有任何酒店、飞机、大巴或船舶，也不是某个具体国家的旅行机构，他们所做的事基本上就是模仿其他公司。

换言之，它的整体商业模式和权威都是建立在信任与名声的基础上，而不是基于预算和市场活动的规模。

关于信任的对话中有趣的一点在于，消费者、社区和选民们已不怎么关注公司广告或是政治诱导，他们听的更多的是那些意向相似的声音，而这些声音现在能够运用技术来提高自己的音量。

曾经，组织可以付钱来通过我们的传播购买一定的关注度，但现在我们则依赖于"传递能力"。从词汇的老式意义上来讲，传递能力通常胜过可信度。

我们曾与营养学家探讨过，他们都是学习食品与人体生理学多年的人。他们抱怨道，比起他们，现在人们更相信Instagram上面的"专家"，这种情况真是太不公平了。与那些身材匀称、肤色古铜、衣着暴露的Insta专家不同，他们是专门学习过的！但正如我们对他们所说的，或许他们的学位并未给予他们所需的所有东西，他们缺失的是传递能力这一理念。Insta专家通过简化事物的分享与联系来建立信任，而营养学家们却让自己远离了客户。看到Insta专家晒出的好看的早餐照片并受到激励比进行一场对话之后列出"饮食建议与禁忌"清单要更具影响力。

想要赢得信任，必先建立联系。

信任，是无法根据我们对自己的评价建立的，它更多的是与他人对我们的评价以及这些事情在信任网络中的传播方式相关联。

这种促生信任的能力是种与人类本身历史同样悠久的技能，但其重要性与应用不仅是在增长，而且还在不断加速增长。

信任需要能够形成一定的思想领导力，需要精通某一行为或是成为某些领域的专家，需要培养围绕服务的团体，需要通过保持透明、坦白弱点以及言出必行来加强自己的可信度。这些都能够促使他人去传播他们与我们的体验，建立对我们的信任，并有助传播我们的名声。

建立信任和被信任的能力将始终能够助益成功。

第九章 解　码

沟通并不是简单的信息传递与接收，
而是朝着共同的意义推进。

人类沟通最关键的断裂点在于所说、所写或所设想的内容与被理解的内容之间的差异。实际上，我们在本书相关研究中面临的大多数挑战均源于这一情况。

像"领导力""创造力""恢复力"这些看似无须加以说明的词汇对于不同的人而言意义却相差甚大。实际上，同样的词汇、表达、语调和比喻在不同的情况下可能同时引发热情、鼓舞、冒犯甚至是愤怒的情绪。

我们都本能地理解这点，但我们大多数沟通策略所根据的沟通模式都并未将其考虑在内。这些模式都是让我们从传递与接收（过滤干扰）角度进行考量，而人类的沟通远比这种线性模式更为微妙。

因此，解码——对想法和信息进行跨专业、跨社会、跨文化维度的评估、展示、理解及分享的能力——是一个永久技能。

使解码成为永久技能的关键因素如下：

- 我们都面临信息过量的情况。
- 理解比准确性更重要。
- 教学、指导和辅导是"永久需求"。

我们在人际沟通中会容易陷入一个误区，觉得需要传递正确而又完整的信息，但事实上这两点对于达成共同的理解而言并非十分必要。没错，太多的细节反而会妨碍理解。

想想看，我们在日常对话中使用一些缩写，或是运用简单的肢体语言和面部表情便比任何学术白皮书更能够表达丰富的含义和更

第九章 解 码

多的情绪。

相对地，同样的因素也可能造成完全相反的效果。如果我们不能完全掌握视觉线索和缩写术语的接受情况或使用语境，它们就可能会造成误解。

例如，有位作家经常会就商业战略与社会趋势等话题接受电视访谈，这里我们就称其为"丹"（Dan）吧。在一次专题访谈中，丹坐在了一位认识已久的专业同僚和好友旁边，于是就非常专心地聆听她会讲些什么。

访谈结束后，丹接到了自己姐姐的电话，她说道："哇，你是真的很讨厌她啊！"在听完丹解释说那其实是他非常好的朋友后，她的姐姐回复道："那你真的需要好好控制下你那张天生的臭脸。"有些事实可能只有兄弟姐妹才会跟你说。

这件事情的关键在于，最终传达出的信息与丹的意图和体验完全相反，浓厚的兴趣反倒被解读为了蔑视。

人类互动的所有领域几乎都会发生这种情况，从我们的人际关系，如约翰·格雷（John Gray）的《男人来自火星，女人来自金星》

(*Men Are from Mars and Women Are from Venus*),到不同领域及不同技术背景的专业人士之间的互动,还有我们与客户和团队之间的沟通均能看到这种情况。

如果对这些情况稍微施压,那么造成误解的风险就会加大。

那么,我们应如何做才能更好地使沟通适应各种不同的情况、应用和听众,从而避免像丹一样接到姐姐的来电质询呢?

(一)将复杂简化,

(二)统筹重要的信息,

(三)使用恰当的语言,

(四)从教育角度进行思考,而不是信息分发,

(五)让想法变得易理解、可实现且可执行。

(一)将复杂简化

在完成演讲或培训工作后,我们都会十分欢迎大家进行反馈。但有条反馈却让我们感到一头雾水,上面写着:"你们需要降低难度,我们的人没有那么聪明。"

第九章 解 码

这一反馈对于它所提到的团队十分无礼并且带有强烈的批判意味,但与大多数情况类似,在这一侮辱背后也蕴含着一个教训。比起"降低难度",真正的机遇在于将复杂简化。

正如爱因斯坦的名言所说的那样:"如果你无法用简单通俗的话进行解释,那么你就是没有很好地理解。"(但那个时候他又怎会预料到呢?)

简化在历史上一直是解码的重要工具。不过,随着我们的注意广度和认知带宽缩减为30秒长的视频、用表情符号表达的爱情笔记,140~280字的推文,简化的重要性丝毫不会有减弱的风险。

那有哪些技巧能够帮助我们去简化更复杂的世界呢?

- 比喻。比喻和类比可能是最简单的翻译方式——将新事物与熟悉、理解的事物进行关联。

- 凝练。这是一种消除不必要信息的能力,试着将自己想说的写出来,然后逐步移除单词直到句子失去意义,然后把你移除的最后一个单词放回去。

- 切分。据说"吃掉一头大象的最好办法是一次一口"(请将其作为比喻来看，而不是使用建议）。将某个过程切分为可实现的分步骤，然后将这些步骤与团队进行沟通，这也是处理任何复杂任务或事业的必要能力。

- 轻巧取胜。培养吸引力和信心的重要方式之一便是创造轻巧取胜并以此为基础，这一思路应被应用于简化流程所采取的步骤的先后排序。

- 鉴别要点。在大多数情况下，成功并不取决于我们在过程中或是在开始前便拥有所有信息，这意味着我们需要对轻重缓急有个排序。换言之，我们需要学会统筹安排。

（二）统筹重要的信息

800多年前，波兰诗人鲁米（Rumi）曾说道："知道的艺术就在于知道要忽略什么。"

古代的智慧似乎很少适用于现代社会。现今，我们并不会出现信息匮乏的情况——恰恰相反，现在的情况是信息过量。

解码，并不只是信息的理解或重新排布，它还是明白什么是必

第九章 解 码

要和重要信息以及什么是不必要和不重要信息的一种能力。

爱尔兰生产力专家德尔莫特·克劳利（Dermot Crowley）等专业人士现在的大多数咨询时间都是在帮助领导者、专业人士以及组织来管理他们日益过载的收件箱。

这些都不意外。现在用于衡量数据的单位不再是位与字节，而是万亿字节和艾字节，这一度量是类比地球沙粒数量来形成的相对规模概念。

更复杂的情况在于，需要我们关注的信息来源渠道数量也在增加，而我们在检验来源可信度方面的资源却极为短缺。

再加上互联网偏好和社交媒体过滤气泡（互联网会倾向将我们自己的观点反馈给我们），因此便极易存在误报、误解以及错过机会等风险。

这是我们与皮塔德培训（Pittard Training）首席执行官盖里·皮塔德（Gary Pittard）一起喝咖啡聊天时所选的一个话题。盖里的专长是帮助专业人士在房地产业建立能盈利的规模化企业，不过今天，在咖啡的作用下，我们就为何需要统筹所传达的信息获得了一点独到见解。

盖里建议首先要"明白想要的胜利是怎样的,然后决定取得这样的胜利的必要条件是什么"。

作为一名孜孜不倦的终身学习者,盖里还分享道,我们还可以将自己的思维运用到许多学习和技能领域之中,但在那之前,我们需要问自己:"我现在应该学习什么?"

他补充道,将我们需要关注的信息整理出来,这点十分重要。但同样重要的是,我们需要决定哪些信息需要被清理出我们的关注范围。

他解释道,我们常常会频繁地继续一些不再有意义的行为和策略,部分原因可能在于习惯和传统,但也因为我们很少评估、审查我们的信息来源和沟通模式,从而来评估什么是不再需要的甚至是起反作用的。

从根本上来说,信息统筹是先后排序的一种实践。这一能力在于关注真正重要的事情且不被不重要事情分散注意力……或至少,不受暂时不重要的事情干扰。

第九章 解 码

（三）使用恰当的语言

人们常常发现，以英语为母语的外国游客在未能被当地人理解的情况下都会再次重复同样的表述，只不过音量更大！

这已是陈词滥调了，但正如许多陈词滥调一样，重复确实是值得的。

之所以会在此提及这一趣事是因为我们在生活的许多方面都会存在这类的行为，它影响着我们的代际沟通，无论是父母与子女沟通还是子女与父母沟通；它干扰着高层主管与其管理的团队之间的沟通；它在跨文化沟通中也发挥着作用，如不同行业领域、不同种族、不同社区、不同沟通工具之间，比方说口头到视觉到听觉或到书面文字。

在这方面，我们容易陷入的困境在于我们都容易对一种或两种沟通模式存在固有的偏见和偏好，而这些偏见当然与我们想要接触的并非完全一致。

在进行对话、展示、推销或是营销活动前，我们还是很有必要考虑下，我们是否过滤了自己的语言偏见或听众们的语言偏见。

当然，沟通中存在许多种不同的"语言"：

- 视觉语言
- 技术语言
- 专业语言
- 文化语言
- 情境语言

（能采用的语言列表显然不止我们列出的这个清单。）

伦敦地铁地图的故事便是这一作用原理的相应案例。

与其他全球主要城市相似，伦敦也有着庞大的地铁网络，连接城市各端的乘客。

对于当地人而言，找寻地铁路线已变成一种本能和直觉，但总有例外的时候。

为了帮助伦敦乘客在地铁中找到路线，伦敦交通部门做出了合理的规划：找来了一些制图师制作地图。

然而，尽管这一方法的逻辑以及接受任务的人的专业技能均无懈可击，但最后他们制成的地图太过细致，以至于除了制图师之外，

第九章 解　码

没人能够看懂。

换言之，信息太多，并且采用了错误的沟通语言。

最终被采用的地铁路线图是由毫无制图经验的人所制，因为他能够忽略相对距离和规模这类专业要素，而这也成了全球地铁路线图制图的惯用做法。

有趣的是，这位最终制图者甚至都没有受雇来做这件事！这一路线图是一位名叫亨利·查尔斯·贝克（Henry Charles Beck）的电力工程技术员在空闲时间完成的，亨利常常要看电气原理图，而这些原理图因简化甚至有时会牺牲尺寸来传达准确信息，因此亨利其实非常能够胜任制图这份任务。

从这一事件我们得知，将想法、信息、愿景解码成恰当的沟通渠道和语言的这一能力至关重要。

不过，这不仅仅是语言的问题——也是语调和表情的作用。

我们曾访问作为总经理兼韧性专家的丹·戴蒙德（Dan Diamond），我们谈论了幽默这一工具在促进观点和开放思想方面的重要性。

对幽默进行观察的人，丹不是唯一一个。横向思维之父爱德华·德·博诺（Edward de Bono）曾将幽默描述为抽象思维的最高水平。

丹与我们分享道，幽默是解码极为重要的工具，因为它能够使我们培养更强的外围视角并更好地应对压力。虽然幽默并不会立刻成为适宜医务界的语言选择，但其适当性很大程度上取决于语境和目的。

他向我们解释道，幽默十分重要，并且在医学等严肃的职业中可能更是如此。"这是缓解压力的一种方式。"他继续说道，"就仿佛走出激流然后坐在岸边休息一会儿。"

幽默的语言能够帮助我们在面对悲剧时保持我们的人性并且拓宽我们的见解。认真的态度并不会增加悲剧的重要性，但幽默的态度能够使其变得更易承受。

根据所处语境以及我们想要吸引的听众来进行语言的选择和运用是解码的重要功能。

第九章 解 码

（四）从教育的角度进行思考，而不是信息分发

学校的校长通常都是比较威严的，虽然我们希望这是因为我们当时还小因此体型上的大小差异会造成这种印象，但当我们碰到前学校校长亚当·沃伊特（Adam Voigt）时，我们发现这只不过是我们一厢情愿罢了。

亚当身高1.93米（6.4英尺），体型仿若橄榄球运动员，可以说是男性里的大块头了！但令人意外的是，他的行为和表情却展现了铁汉柔情。当然，之前的学生可能会不同意我们的这一评价。

亚当现在担任教育专家与顾问，帮助组织打造学习文化，因此我们想要听听他是怎么看教育在解码这一永久技能中的价值。

"许多年前，教育被认为是种分发模式。"他评价道，"但互联网打破了这一点，信息现在是无处不在。"如亚当所解释的那样，这种信息的普遍性当然并不一定能够带来更好的教育或理解。

在我们应该要进行试验的时候，却都太忙于填塞信息，现在几乎都没有尝试和犯错了。没有犯错的空间，也无法从中学习，"学习"应该是个动词才对。

那么在亚当看来，有哪些技能对于帮助我们将想法和信息解码成教育是至关重要的呢？

他首先讲道，他相信"信息是不够的，'正确'也是不够的"。教育要求学习者能够运用多种工具、语言、音调并以实用的一种方式来巩固所学习的东西。他建议我们应该：

- 注重进步。不要受限于完美主义，我们应该将进步视为目标。
- 让进步被看到。最优秀的教育者应该严谨且公正，二者缺一不可，这意味着要能够将反馈转换成激励，而不是打击。
- 以愉快的方式传递信息。学习应该是令人难忘且有趣的事情。
- 学习评估正确的问题。"我们需要区别和评估真正重要的东西，管理认知负荷，并判断哪些是胡说八道。"

从根本上来说，教育是解码最重要的应用，因其本质不仅是信息的传递，而是像亚当所说的，是运用这些信息来加强理解、提升能力。

这就引出了我们对解码的下一个观点。

第九章 解 码

（五）让想法变得易理解、可实现且可执行

我们第一次遇到霍莉·兰森（Holly Ransom）是十几年前，当时她是一个有着惊人潜能的19岁女孩，这个事实让我们对她真是又惊喜又羡慕！

她的潜能与智慧十分迅速地得到了体现，并且她也没有辜负这些特质。她担任咨询公司Emergent的首席执行官、联合国G20青年领袖峰会联席主席、澳洲足球联盟阿德莱德港俱乐部董事会成员，并且还是帮助组织吸引并挖掘下一代潜能的专家。

我们与霍莉讨论了通过致力于可实现的胜利和形成对成功的偏好等方式来提升同事信心的需要，这就需要我们能够将意图与说明解码成实用性与行动。

她与我们讨论了将"做什么"和"为什么"解码为"怎么做"的必要性。"怎么做与做什么及为什么同等重要。"她如是建议道，"我们需要为大家提供一些积极的行为，使他们可以共享发展成果。"

位于得克萨斯州沃思堡市的FPG的首席执行官和首席文化官杰森·福里斯特（Jason Forrest）也认同这一观点，杰森是一位十分杰

出的领导和销售指导,并且善于打造高绩效、高盈利和"最佳工作场所"文化。

杰森建议道:"我们需要为大家把事情进行分解,使事情变成小块的,易消化、便执行。"他赞同把我们的角色视为是"生产其他领导者"的领导者。

"从根本上来讲,"他分享道,"我们的业务就是让其他人变得更聪明。"

这些意味着我们在培养解码这一永久技能时需要将重点从传播信息转向提升理解。因此,转换可认为是从源信息的语境或是从我们自己的观点转为帮助我们的沟通对象去体会我们想要表达的含义。

无论是个人与个人、个人与群体、群体与群体,甚至是未来的人与机器之间,解码都是十分重要的一项技能。如果能够以他人不仅听进去而且还予以实践的方式去讲述某事,这在过去、现在以及将来都是十分有力的一种方式。

第三部分

控制的技能

把握不了自己的人无法掌握他人。

——威廉·潘恩（William Penn）

最后一组永久技能为控制的技能。

从某种程度上来说，这一组可能会被认为是三组永久技能中最令人存疑的一组，因为控制的概念带有许多附加含义。你现在可能甚至会觉得有点不适，并且有点不想继续往下读了。

根据你的政治或哲学观点，"控制"一词可能会让你想起独裁主义或军国主义的形象、计划经济体系以及政府的过度干预和官僚主义。此外，有人可能会认为控制是与自然法则相对的或是对我们精神的不公允影响。

事实上，我们通常会将控制认为是任何形式的自由的对立面，这可能是因为我们对于控制的初始经验便是，作为毫无控制权的小孩，被似乎拥有极大控制权的成年人所围绕。如"去睡觉""把西兰花吃掉""要分享你的玩具"这类命令由于看起来只是针对我们,因此我们很难对其留下什么好印象。

然而,尽管我们对"控制"一词仍感不适,但我们的研究表明,对控制进行理解、使用、运用并协商的能力对于未来所需的技能而言是个重要考量。

或许在当前阶段,是时候将我们对"控制"的定义从施加于我们的权威,扩展为对权力和精力应运用何处以及谁应该使用控制所形成的共识。

因为控制不仅可运用于微观层面,同样也可运用于宏观层面,因此值得对控制进行考虑。大多数人均认为自我管理行为的能力对任何个人、生理和财务方面的成就都至关重要,控制并非仅仅是外界施加的或作用于自己的东西——它同样也是我们支配自己、分配注意力以及对世界做出反应的一种能力。

当然,随着我们的社会体系不断发展并愈发复杂,从原本的小部落发展为成百上千万人组成的文明社会,对于控制的需要以及对于权力应到之处的一致理念变得愈发重要。

控制不仅适用于行为，它同样能够使我们知道如何选择去分享和使用资源，我们的注意力应放在哪里，我们认为什么样的社会是好的、正确的且有价值的，以及我们如何使用自己的时间，甚至还有我们与谁一起使用这些时间。

我们明确了四大需要理解和培养的控制技能：

1. 自我控制

2. 资源管理

3. 秩序

4. 执行

那么，让我们一起深入看看与控制相关的这几个永久技能吧。

第十章　自我控制

<u>最终，我们真正掌控的是自己的思维范围。</u>

伊莫金·昆恩（Imogen Quinn）是一位非常杰出的年轻女性，她14岁时在国外感染了病毒，生了一场病。当时她正处于毕业季，但她的健康状况每况愈下，有时甚至无法说话或行动。她经历了大面积的脑雾（brain fog）、疼痛以及体弱，因此当大多数同龄人忙于考试、社交、计划毕业后的生活时，伊莫金却在寻求帮助来实现有效的沟通并完成最基本的任务。

"我知道自己应该知道怎么读这些文字，但就是做不到。"她这么跟我们说的时候带着令人敬佩的冷静与坦然。当我们问她对自己有何认识时，她表现出了令人难以置信的从容与健谈，并且有着面对挫折时成年人都少有的观点。

她的母亲称其为"优雅"，伊莫金十分优雅。她也十分强大并且相当坚定，她不会抱怨。她会专注于自己所做的工作以及取得的进步，她会从容地对待这一切。

伊莫金的事教会我们，以谦逊、接纳（并非失败主义）和自我控制来应对自己所处的情况的这一能力对于精神和情绪稳定至关重要。

这种对情绪和期望的控制以及持续不断的忍耐使她得以前行，而不是困在认为一切都是不公的这种困局之中。实际上，对于公平的期望经常会变成一种干扰。

当然，伊莫金在如此年轻的时候便需要面对这种情况，这对她而言是不公平的，但是她选择了用强大的自我控制和优雅的态度来面对。

使自我控制成为永久技能的关键因素如下：

第十章 自我控制

- 事实上，我们能控制的只有我们自己。
- 从根本上来说，我们对情况的应对比情况本身更能决定结果。
- 控制感能够让我们集中注意力并允许我们获得独特的个人力量。

常言道，我们需要"打好手中的牌"。

另一网上流行的名言说道：

若对任何听说的事都产生情绪反应，那么你会继续遭罪。真正的力量则是坐在一旁理智地观察事物，真正的力量在于克制。如果语言能够控制你，这意味着所有其他人都能够控制你。深呼吸，让事情随风而去。

由于我们最终需要对自己（独立于情绪）的行为负责，因此控制自己是我们需要掌握的关键技能之一。我们是领航员、驾驶员、船长，我们可以选择自己的思维。

学习如何掌控自己是一生中最必要的技能之一，也是我们永远需要的技能，若能做到以下几点，便能学会掌控自己：

（一）培养自我意识，

（二）明白自己的情绪是种反馈（且并非永远正确），

（三）有意识地选择自己的心态，

（四）控制自己的注意力，

（五）控制可控的。

（一）培养自我意识

我们总是想要忽略自己的小缺点，并且希望别人也不会注意到，这通常是种错误的想法。

在我们看来，这种时候最好要听从二世纪希腊作家鲍桑尼亚（Pausanias）所说的刻在特尔斐阿波罗神庙门廊（前院）上的金玉良言"γνῶθι σεαυτόν"，意思是"认识你自己"（Know Thyself）。

缺乏自我意识的问题之一在于我们既没有认识到自己的短处，也忽略了自己长处背后隐藏的弱点。

在与全球领导者和组织的咨询工作中，我们通常会进行我们称之为"非—SWOT"的分析。

当然，SWOT分析并非我们的发明。事实上，它已是20世纪和

第十章 自我控制

21世纪最为常用的战略工具之一——被运用于企业和个人。然而，我们认为这一方法并不完整，并且实际上会导致更加缺乏战略和自我意识。

容我们慢慢解释。传统的SWOT分析是让参与者明确自己的优势、劣势、机会和威胁。这听起来很简单，实际上也确实简单。但据我们的观察，同一领域的优势通常都是同类型的（即若一个房间里都是木匠，那么擅长用锤从根本上来说并无什么价值），劣势通常是隐藏的资产，容易发现的机会通常会带领我们进入别人也能看到的市场，因此竞争十分激烈，而我们最好将威胁看作是提升游戏的机会。

换言之，每个优势都有其负面，而每个劣势都有其正面。在进行"非—SWOT"分析的过程中，我们会让参与者对自己的优势和劣势进行排行，运用一个刻度来表示其相对效力。然后，我们会让他们探索优势的负面因素以及劣势的正面因素，再对其可能产生的影响进行评级。

我们在许多情况下发现，优势可能实际上是净劣势，而劣势可能会是净机会。自我控制便是明白这个等式的两边，并且知道什么会对我们造成妨碍或产生促进作用。

这其中的关键在于，我们大多数人很少花时间去真的了解我们自己、我们所具有的能力以及我们的性格组成。

在柏拉图的《申辩》（*Apology*）中，他引用了苏格拉底在其审判中的演讲："不加以检讨的人生不值得过。"

换言之就是"历经检讨的人生更值得过"。

（二）明白自己的情绪是种反馈（且并非永远正确）

马可·马修斯（Mark Mathews）是一名冲浪冠军。马可有多疯狂呢？他所冲的浪的高度堪比公寓大楼的还要高。

马可分享了他因撞上珊瑚礁而"腿骨粉碎"的经历，醒来的时候，他被告知："好消息是我们挽回了你的腿，坏消息是这疼痛将伴随你一生，你会恢复得很慢，并且将永远不能再冲浪了。"

这导致他陷入了黑暗、痛苦的境地，他的康复格外缓慢。然而有一天，他在Instagram上收到了一位粉丝的请求，这位粉丝也是这

第十章 自我控制

家医院的病人，表示希望能够过来拜访马可。他无法拒绝（因为他的妻子告诉他不能拒绝）。

他的粉丝叫杰森（Jason），他是坐轮椅来的，几乎无法移动，更别说走路了。一次单板滑雪事故把他送进了医院，住院时间远远超过了马可。马可告诉我们在那一瞬间他是如何重新定义自己的事故，以及他此前对自己的不幸的认知，"我并没有不幸，我其实是幸运的。"

这样的故事在优秀的人的生命中经常上演，他们总是在一次次的跌倒后又站起来。成功的人能够进行精神重塑，使他们能够在面对挫折时不断尝试新的东西。虽然理智上告诉自己应该放弃，但他们依旧会继续前行。他们掌控着自己所拥有的最有力的事物：自己的精神。

显然，即便是十分成功的人也会有迷茫和不作为的时候，甚至是长达几个月的自我信念缺失，但他们也能够成功地创造出精神奇迹来支持自己再次尝试。

我们的情绪从本质上来讲是对自己的经历和环境的一种反馈，

问题在于这一反馈经常是错误的，或至少不是那么有效的。从根本上来说，我们是在运营旧版的情绪软件，它倾向带着像在野外遇到一群狼般的"恐惧"去处理例如向董事会作报告这类想法。

马克这类事迹告诉我们，我们应该质疑所接收到的情绪反馈，并愿意以更有效和有益的方式对其进行重新设定。

（三）有意识地选择自己的心态

作家兼艺术家瑟斯博士（Dr Seuss）在其最后一本书中建议道："你的脑壳里装着大脑，你的脚下踩着鞋，你能够带领自己走向任何自己选择的方向。"

我们十分喜欢这句引述，因为它挑战了我们常有的错误认知。心态通常会被认为是赢家因被眷顾而拥有的一种态度，而不是我们可以培养的一种有意识的选择和技能。

当我们与澳大利亚军事史上最杰出的女性军官之一，少校玛蒂娜·吉维尔（Matina Jewell）（已退休）坐下聊天时，我们对心态的定义便迅速被击破。

第十章　自我控制

玛蒂娜·吉维尔的个人简介便相当励志,她是第一个获得海军潜水员资格并在北阿拉伯湾快速将绳索系上海军船只(类似于绕绳下降的极限运动,不系安全带的那种)的女性军人。她曾与美国海军海豹突击队一起在中东服役,协助锁定所罗门群岛一臭名昭著的民兵首领,并成功游说联合国更改流程,以挽救在全球执行联合国任务的维和人员的生命,而这些都是发生在她经历了难以置信的个人损失与创伤之后。

她向我们讲述了在经历了2006年黎巴嫩战争中失去队友,而自己也遭受了重大的伤害,包括5块椎骨骨折及相关神经受损的遭遇后,心态的选择是如何帮助她渡过这一难关的。"我当时正遭受创伤后应激反应,我无法起床,有时会坐在浴室的地板上好几个小时。"

玛蒂并没有选择继续以挫败的心态去看待自己的处境,而是选择了改变与成长的心态。她运用自己的经历去挑战澳大利亚政府对待老兵的方式,去为因执行公务而受伤的人争取更好的支持,并且通过与全球的听众分享自己的领导力和恢复力的经验来做出积极的贡献。

这也是澳大利亚旅游局首席营销官丽萨·罗森（Lisa Roson）所选择的主题。丽萨负责确保克里斯·赫斯沃斯（Chris Hemsworth）[1]经常出现在我们的屏幕上，从而使他能够作为澳大利亚美丽的化身滔滔不绝地讲述澳大利亚的美丽。世界感谢你，丽萨，谢谢你。

丽萨将这种心态描述为"看到情况最佳一面的有意识决定"。

再进一步思考，她澄清道，这并不是忽略实际情况，而是能够围绕这一情况产生有用的意义感。"并非视而不见，"她继续说道，"而是做好准备，并选择管理自己预期的方式。"

换言之，这是对自己的注意力应投向的地方进行自我控制。

提示：你应该关注的是能够给你最大机会来创造有意义的进展的地方。

（四）控制自己的注意力

安德鲁·莫雷洛（Andrew Morello）是一名年轻的企业家和慈

---

[1] 澳大利亚演员，著名角色是《复仇者联盟》里的"雷神"。——译者注

第十章 自我控制

善家,并且正好是《学徒》澳大利亚版第一季的冠军得主。我们在他办公室对面一家咖啡厅里与他碰面,他在访谈中所讲的话其实司空见惯。

他提醒我们,控制自己注意力的最重要的部分就是注意与自己待在一起的人,并引用了一句古话:"你与谁相处时间最多,你就是这些人的总和。"

安德鲁很清楚,当身边围绕着各种挑战和支持你的人,那么就更容易选择出正确的关注点。他劝告我们:

不要与消磨你的生机、乐观和可能性的人共处。有些人会束缚你。他们会希望你发展得不好从而获得自我优越感。忽略来自你不喜欢或不尊重的人的批判。

之前我们与老同事兼好友安迪·西里(Andy Healy)在洛杉矶共进晚餐,安迪之前是广告经理,现在在加州担任编剧。

那个夜晚时间过得飞快,我们谈论此前所忙的所有事情,正在制订的计划、探索的商业机会等。我们开怀大笑,大快朵颐,讨论着各种伟大的计划。

那天晚上快结束的时候，安迪说了句话让我们至今印象深刻。

当我和老朋友叙旧的时候，我们通常都是忆往昔、侃当年，我和他们的联系是在过去。但我们不一样，我们总是会谈论未来会变成什么样，接下来会怎么发展，我很喜欢这样的感觉。

你的圈子是否会促使着你朝着自己的抱负前行呢？如果没有，那么就找一个！

当然，选择自己的关注点并不仅仅是选择与我们一起花时间的人。卡里金斯集团（Karrikins）是驻扎丹佛、多伦多、悉尼和奥克兰的企业发展战略咨询公司，其董事长兼首席执行官皮特·希汉（Peter Sheahan）与我们分享道，他认为助益自己建立事业的三个技能之首的便是控制自己注意力的能力，他将其称为自律。

这并不是说要非常非常努力，而是说要能够选择那些会产生最大影响的工作。我能做出的最大价值是什么？或者说，假如我只有一个小时，那么我能做的最有价值的事是什么？

他告诉我们，这最终是关于权衡，"你需要有能力进行选择，也需要同样的能力来拒绝，选择将自己的时间和精力花在哪里"。

第十章 自我控制

要掌握自己能够将注意力战略性地置于何处，关注自己在意的以及自己感兴趣的。

（五）控制可控的

显然，我们无法掌控一切。试图掌控一切会令人精疲力竭、分散注意力，而且老实说，这并非明智之举，而有能力的人则明白关注可控之事的意义和逻辑所在。

利比·特里克（Libby Trickett）曾是世界纪录保持者，获得过奥运会金牌，并且曾在世界舞台上获得过超过42枚游泳比赛奖牌，她与我们分享了心理在竞技体育中的作用以及她这一过程中所积累的经验。

当你成为世界冠军，很多压力就会随之而来，然而你无法掌控一切，于是我学会了去控制那些可控的事物。我无法掌控其他人是否会有疯狂的游泳速度，我只能控制自己的身体以及我所付出的准备。因此，我就将注意力放到这些事情上。

利比将自己的注意力放到她能够施以最大控制的地方，而不是那些无益且在她控制范围之外的干扰之上。对于利比而言，她能控制的是自己的饮食、睡眠、训练、习惯。在我们的生活中，我们都有可控的事物，都有我们能够产生最大影响力并带来最有效结果的领域。

然而，我们许多人都把时间、精力和注意力浪费在无法掌控且无法帮助我们进步或是助益我们最终成功的事情上。

例如亚当·弗兰瑟（Adam Fraser）的"第三空间"（Thrid Space）概念。简单来说，第三空间指的是控制你从一个环境过渡到另一个环境的方式，从而在需要完全不同情绪能量的情况之间创造一种解压机会。

这使你在经历的不同物理和情绪维度间过渡的时候能够控制自己的情绪状态。

亚当将这一思维运用到回归平民生活的老兵身上，运用到从一个失败的销售电话继续下一个电话的销售人员身上，运用到从"商业狂魔"转为关怀备至的家长式公司高管身上。

自我控制其实就是了解自己是谁，了解什么能够提升你和激

第十章 自我控制

励你，就是明确自己应该关注的地方，选择自己的心态。但最终，它是指明白什么在你的掌控范围内并且是你愿意控制的，这些是永恒的话题。

自我控制最终是指准备好尽力而为，它是指将情绪浪费和干扰最小化，从而使你能够成功地做出你希望的改变。

第十一章　资源管理

<u>无论是时间、金钱、精力或人,所有的资源都是有限的,而管理这些资源对于任何成功都至关重要。</u>

基兰（Kieran）在上个万圣夜发现,自己10岁大的女儿达希（Darcy）都明白什么是资源管理。

达希在一次对话中与她母亲分享了一个与糖相关的商业智慧:"妈妈,您知道公司是怎样收取一定比例的服务费用的吗?"

基兰回答道:"知道。"她有点好奇这个对话的走向。

"我和朋友在万圣夜的时候这样做了。"达希解释道,"他们也同意如果不是有我的邀请，他们也不能在一条街上要到那么多糖果。因此，我就收了他们一定税费。"

基兰意识到自己可能养了个权谋家，于是冷静地问道："哦？真的吗？"

达希安慰她母亲道："不要担心，就是一点点费用，每个人一颗糖而已。"基兰立刻觉得特别自豪（但也有一点担心）。

达希在如此小的年纪便认识到，资源、资产和环境都是有限的，而这种有限性给予了它们价值。这种有限性和价值也必须予以管理。

例如，本书的创作也符合这一道理。我们撰写和编辑本书的时间就这么多，但与大多数人一样，我们同时还需要做其他事情。我们几乎不在同一个城市，有的甚至不在同一个国家，这使得我们管理自己时间和付出的能力变得尤其具有价值。为了完成本书，对我们的时间、注意力，甚至是投入到研究中的金钱进行管理便是一个至关重要的组成部分。

对你而言，也是如此。无论你想在生活或工作中实现什么目标，管理自己资源的能力都极其重要。

第十一章　资源管理

使资源管理成为永久技能的关键因素如下：

- 除了想象力无限，其他资源都是有限的。

- 没有人能拥有自己想要的所有资源，因此我们需要战略性地运用好现有的资源。

- 无法优先考虑资源或有效地做出选择的话，便可能导致灾难性的失败。

在与连环创业家兼《独角兽的眼泪》(*Unicorn Tears*)的作者杰米·普莱德（Jamie Pride）对话时，他解释说，初创公司所犯的最关键的错误之一就是拥有"太多钱"。根据杰米的估计，问题在于成立公司时如果拥有太多资源，便易导致决策紊乱，拖延的可能性增加，以及潜意识地不愿展现正确的判断。

当然，我们必须管理的资源形式多种多样——金钱、精力、注意力、原材料，甚至是人以及星球的可持续发展。虽然如此繁多，但当管理大师彼得·德鲁克（Peter Drucker）提醒我们"在我们能管理时间之前我们无法管理任何东西"时，我们相信他做到了这一点。

虽然我们所管理的资源的状态和性质可能发生改变，例如技术进步使得我们可用的材料从泥土转为木材、砖、钢、石墨烯，然后还有将来取代石墨烯的材料，但我们对这些资源的使用方式、地点和时间等做出价值判断的能力则是一项我们会永久需要的技能。

那么，如何培养自己的资源管理技能呢？

（一）聪明地使用你的资源，

（二）将价值放在无形资产上，

（三）按有益的参考标准创造价值，

（四）不要只管理数量，也要衡量质量，

（五）选择时机……聪明地选择，

（六）设定健康的误差幅度。

（一）聪明地使用你的资源

我们都需要（且将永远需要）聪明且具有战略性的使用资源的能力，时间、金钱、原材料或其他任何有限资源都需要谨慎地进行配置。

让我们重点讲讲对话中最常出现且普遍需要的资源——管理金

第十一章　资源管理

钱的能力。

财务敏感度听起来像是一项基本商业技能，但你会惊讶地发现有许多人并不具备。小的时候不懂如何处置自己第一份工作的薪水（除了购买手机卡），创业公司因看不懂资产负债表而破产，员工们不懂自己使用公司资金的方式会影响公司的盈亏底线，更别提将资金责任外包给财务部门的领导者。

财务敏感度是一种永久且重要的技能，它出现在我们许多对话中。正如普华永道的尼尔·普拉姆里奇（Neil Plumridge）告诉我们的那样："缺乏优良的基本财政素养的人很少能成功。"

我们许多人并没有很强的金钱管理技能。根据美国联邦储备委员会进行的一个消费金融调查，现在美国的50～64岁的工人中，有高达48%的工人在退休时会处于贫穷的状态，典型的临近退休的工薪家庭（一家之主年龄为55～64岁）平均退休储蓄为104,000美元。

情况如此严峻，以致财富大亨玛丽萨·布朗尼（Melissa Browne）特地将其畅销著作改了名。

玛丽萨与企业合作，帮助它们的员工更善于理财。聪明的公司现在意识到如果他们的员工在财务上具有安全感，那么他们的焦虑感会降低，工作时注意力也更集中，这样就会使他们更高效。

玛丽萨告诉我们，她的工作就是让金钱成为更公开、更坦然的话题（"比起谈论金钱，大家可能更乐意谈性"），因为如果我们不愿意去学习如何管理我们的资源，那么留给我们管理的资源就会越来越少。

话虽如此，资源并不总是有形可见。

（二）将价值放在无形资产上

我们并未总是给予无形资产应有的重视。

有形可见的资产总是更容易被重视、管理和负责：你可以对它们进行盘点，将其放入资产负债表，估算它们的增长或容量。

难以衡量和管理的是那些具有无形价值的资产，例如个人精力、精神健康、生理健康、热情、信任、名声、注意力、关注点、潜力等便是能由你支配的一些重要无形资产。

它们是极有价值的资源，但在许多人眼里并非如此。不过，我

第十一章 资源管理

们着实需要改变这一观点。

丽萨·欧尼尔（Lisa O'Neill）的事业抱负是成为"一束光"，而她与此也相去不远。风趣、活泼且极为出色的她会运用喜剧灵感来娱乐听众，并且用充沛的精力让他们大开眼界。

她与我们分享了与预定她出场的一位客户之间的对话。该客户安排的观众人数大大超出了原定人数，因此被要求支付更多费用。客户很疑惑："但是时间和内容都是一样的啊。"她回复道："我并不是按照时间和内容进行工作，而是按照精力。增加的观众数量消耗了我更多的精力，因此您需要支付更多费用。"

虽然这种做法有点奇怪，但这是绝对正确的。我们都是用精力在工作，没有人愿意与疲劳且厌倦的无精打采的人共事或者为其工作。精力是你所具备的一个最重要的资源，只不过这种资源恰巧是无形的。

关键在于要知道你是依靠什么无形资源去达到目的，并且敢于冷酷地或至少战略性地对待自己投资该资源的方式。

如果你将这些资源花在错误的人和错误的任务上，那么你便可能会精疲力竭、苦不堪言，并且永远无法实现想要达到的目的。

有太多的人选择了这条路，你会发现他们在办公室闲晃，将充满无形价值的新人的热情吸收殆尽，"你会知道的，等着就行，你的自我信念很快就会被浇灭！"或者是像之前我们为政府部门举行培训时一位女性友情提醒的那样："你们非常优秀，非常令人振奋——你们使我想要去关心和在意。但老实说，我就只是在算着还有多久退休。"

按照倒计时计算着怎样过日子并非生活该有的方式，从来不是。

像对待有形资源那样对待自己的无形资源吧：

1. 弄清自己依靠哪些无形资源来保持动力和进步。

2. 注意自己花费这些资源的场所与时间。

3. 当消耗过多时，要引起注意。

4. 努力消除任何低效情况（人、任务、障碍）。

5. 了解自己需要补充或者培养并将其融入生活。

斯蒂芬·霍金（Stephen Hawking）通过实例告诉我们，生活最终就是尽力打好手中的牌。

第十一章 资源管理

（三）按照有益的参考标准创造价值

每年年初，基兰都会和前几章提到过的亚尼内·盖纳进行一个新年启动项目，名称叫作"你这一年"（The Year of You）。这个项目让人们从制定新年计划（2017年美国新闻的研究表明，这些计划在2月份第二个星期时失败率就达近80%）变为围绕可实现的战略性目标规划新年。

基兰在这个项目中列出的关键步骤之一是简单的"一页纸上的一年"这一练习。

我们无法实现新年计划的其中一个原因在于，在年初，365天似乎是一段很长的时间。为了应对这点，基兰迅速制定了一个参考标准，从而促生紧迫感，促使大家采取行动。

"这并非一年，"基兰建议道，"而是52个星期六。"

随后，基兰把这种思维方式扩展到听众生活的其他方面，想象下在你的孩子成年并且不再想与你一同外出前，你们最多只有18个假期可以一起度过。"这点，"她解释道，"是基于你一年只有一次假期的假设，并且鉴于孩子对4岁前的事基本没什么记忆，因此你实际上仅有14次假期能与孩子们一起度过。"

这种计算方式太严厉，但能帮助人们以一种前所未有的方式去珍惜他们所拥有的时间，无论是1年还是18年。

根据我们与前文提到的马特·切奇与皮特·库克共同的工作成果，我们将相似的思路运用到了自己的企业之中。我们并不采用年历或财政年的方式，而是以季度（12个星期）的方式进行考量，这就使我们每次只有90天的时间进行设计、建模、测试，向市场推出新业务。

换言之，我们以一种有效且可行的方式来设置时间。

选择能够促生紧张感和行动的参考标准，这一能力对我们珍惜时间、金钱、精力，甚至是有形资源都极为重要。

我们会避免这种优先排序实践，是因为一想到我们的资源是多么有限，就会产生一种不适感，就连我们的生命也是一种有限资源。我们可能不喜欢这么想，但我们都在向最后的终点急驰。这虽然并非什么令人愉悦的想法，但可能相当激励人心。

第十一章 资源管理

谷歌实际上在Chrome①的平台上设置了一个闹钟，根据平均预期寿命对你的生命进行倒计时。苹果的手表中也有一个生命闹钟（Life Clock）应用软件，其运作原理类似反向活动追踪器。它并不是读出你过去的所有行为，而是追踪你一整天的行为，包括积极的行为和消极的行为，然后调整对于你死亡时间的预测！

如果你好奇的话，我可以告诉你，美国的人均寿命为28,654天（或687,660小时，或41,259,600分钟，或2,475,576,000秒）。

换言之，要选择能够激励你聪明地管理自己资源的参考标准。

（四）不要只管理数量，也要衡量质量

质量，当然是个相对概念。

美国南北战争结束后，上百万的联邦货币变得一文不值，带软木塞的昂贵红酒也是如此（因为软木塞的污渍污染了红酒）。

当然，人员、社区参与度、品牌价值，甚至是资产负债表中提到的资产，它们的质量都会产生波动与变化。

---

① 谷歌浏览器。——译者注

如果对这点没有正确认识的话，会造成灾难性的后果，沙皇尼古拉二世在当年士兵枪击扫射罢工民众后才认识到了这一点。

俄国皇室罗曼诺夫家族首领的弱点很多，包括缺乏军事经验和战略技能、分不清楚立场以及糟糕的决策能力。决策失误加剧了他与政府之间的紧张局势，加重了包括平民和士兵在内的普通人民的苦难。

换言之，尽管掌管着极为可观的资源、财富、智囊，但致命的一点在于，他不了解自己管理的文化的温度，最终造成他们家族付出如此昂贵代价的原因并不在于资源数量的缺乏，而在于资源质量的低下。

这种行为模式在现代公司和政府部门中依旧具有影响，那些太过自大，忽视变化对其产品的相对价值、其人员及运作领域具有重要影响的领导者很快会发现数量并不等于质量。

我们可以从中学到什么？主要是传统的存货盘点或资产审计的方法对于资源管理而言并不完善。资源的性质和价值会随着时间的推移而发生变化，有时如果不注意的话，这种变化甚至会在一夜之间发生。

这很难用算法去预测，部分原因在于人类行为和趋势具有变化无常、难以把握的特性，也因为看似无关的事物可能会使我们大吃一惊。

借用巨蟒剧团（Monty Python）的一句话："没有人期待西班牙宗教法庭。"①与此类似，尽管出租车行业在全球规模、上市时机、市场占有方面取得了如此成就，但也未能预测优步（Uber）的来袭，就像酒店行业也未能预料到爱彼迎（Airbnb）的冲击。

（五）选择时机……聪明地选

大家都十分清楚，对于喜剧甚至戏剧而言，时机就是一切，介绍错误的情节或人物会完全破坏观众的怀疑暂停状态②。

事实上，在J. K.罗琳2018年的电影《神奇动物：格林德沃之罪》（Fantastic Beasts: The Crimes of Grindelwald）中加入麦格教授这个

---

① 这是著名的英国戏剧团体巨蟒剧团的一个段子，"没有人期待西班牙宗教法庭"（No-one expects the Spanish Inquisition），西班牙宗教裁判所，以酷刑闻名。——译者注
② 文艺理论中的一种状态。——译者注

角色的做法激怒了粉丝，他们甚至发出了类似这样的推文：

我知道JKR数学不好，但这也太搞笑了吧。她4年前写的麦格教授的自传以及她在邓布利多手下当学生，到了1927年麦格怎么就成了教授了？！@Meliahipics[①]

假如麦格1947年开始在霍格沃兹读书，那么她应该是1935年出生。但《神奇动物2》的设定是1927年，在这里面她却是以一位年轻人的身份出现？@tomfev

"麦格确定出现在了《神奇动物2》"，她是穿越回去了吗？@_potterhead7

啊，大家应该很怀念犯了错大多数情况下也只有自己知道的年代吧！

不过，时机的作用并非仅限于戏剧和娱乐圈，对于任何事业而言，时机都是个重要考量因素。

这种理解造就了类似于"应时配送服务"等商业策略，该策略使供应商在执行原材料订单配送时会直接配合终端用户的生产日程

---

① 网友的推特昵称，下同。——译者注

第十一章 资源管理

及客户订单。

这意味着，公司只用在生产过程需要时接收商品，这样一来便能提高效率，减少浪费。而这种做法反过来能够削减库存成本，但同时也要求生产商能够准确预测需求。

营销则是主要由资源管理的时机引导的另一商业职能。在竞争公司创始人去世的第二天发布攻击广告的做法并不会有助于赢得好感，新产品也总是要挑有利的社会时机和市场条件推出。

这种对资源管理时机的理解对日常应用也同等重要，例如建房子的时候，必须协调不同的交易方与合同方，不仅要确保他们按照正确的顺序提供服务，也要确保现场有合适的供给与建材。

对于想要尝试比煎蛋难度大的食谱的人而言，这点也是如此。假如弄错食材的顺序和时机，那么最后你就只能叫外卖了。

因此，在明白自己拥有什么及其所处条件之外，了解资源的使用时机也是资源管理的重要功能。

（六）设定健康的误差幅度

　　与全球各大组织及小型企业共事后，我们发现它们的商业计划和销售预期中最具破坏性的一个遗漏就是误差幅度太小了。

　　我们都赞成保持乐观的心态，但希望本身并非策略。

　　换句话说，要设想事情会变糟，产品会搞砸，服务人员可能会请病假（或者无故旷工），仓库软件可能因为某种原因无法与销售软件联通，你最得力的手下或你所指望的人会被挖走，对方给的薪资和工作条件都是你无法匹敌的。因为：事情——就是——会——搞——砸！

　　问题并不在于事情会搞砸，而在于我们没有为这种情况做好预案。当事情恶化给我们造成经济和商业上的损失时，资源管理就是其中一个应对技能。

　　在数字经济时代，我们的消费者、客户和社区不缺选择。如果你的存货里没有他们想要的东西，那么他们就可以立刻把目光转向全球的其他供应商，看哪个供应商可以提供他们想要的东西。

　　没错，这一切意味着，许多资源管理的职能会被外包，由人工

第十一章 资源管理

智能的算法自动管理,并由机器人24小时不停歇地运作。

但是,曾在充满不确定性的世界里发挥导航作用的判断和战略在人类社会中始终发挥着关键的控制作用。虽然我们管理的资源可能会发生改变,但对资源管理的需求将永存。

第十二章 秩 序

<u>无论我们是寻求共识或塑造共识，</u>

<u>都将需要社会秩序。</u>

在《蝇王》（*Lord of the Flies*）中，威廉·戈尔丁（William Golding）思考着如果社会退化至幼稚的不受监管的无政府状态，那么社会会变成怎样的？剧透警告：猪仔（Piggy）在情绪的疯狂释放和集体决策中被杀了。

正如我们所知，许多现代的反乌托邦小说事实上都是探索社会的分崩离析。通常情况下，那些压迫式赢家和邪恶的统治者最终都会遭到报应（不过我们猜测这可能是为了使书和电影大卖）。

现实中，每一场革命后都会立刻建立起新的规则和可接受的行为模式，无论是社会、商业或心理方面的革命都不例外。秩序从未真的离开，只不过是变成了新的秩序罢了。

纵观历史，我们的社会和群体都是由一批松散的或更正式的协议捆绑在一起组成的，这些协议的设计至少在一定程度上是为了防止我们彼此利用、窃取、伤害，甚至是杀害。

鉴于社会是由一系列复杂的相互依存的人、场所和过程构成，因此这种情况也毫不意外。我们总是必须去探索和平衡频繁冲突的需求，以获得个人自由和公共安全，二元制只不过是被我们当前的两党制政府夸大了而已。

事实上，由于两党均有其优点，从而导致争辩愈演愈烈，因此掌权的一党便会否定另一党。

这意味着能够成功引导这些社会规范、理解如何与其共处，并在需要时予以助力的人将会永远被需要。

第十二章 秩 序

使秩序成为永久技能的关键因素如下：

● 只要人类决定在大型社会结构里共存，我们就会需要对可接受的行为进行协商以达成一个共识。

● 并非所有人都愿意遵循规则和群体公约。

● 仅在偶然的情况下，社会秩序必须为了多数人的利益而非少数人的欲望而予以执行甚至强制执行。

当然，这就会引发一个令人不适的问题："我们在执行的是谁的社会秩序？谁来决定哪个是正确的社会秩序？"这个问题在我们人类的整个历史发展过程中都存在，即便某天会消失的话，这天的到来也不会很快。

当然，这一需求超越了政府、警察、军队、法庭，因为即便是在家庭、民众社团、公司组织中，我们也总是会设置并达成一定的行为标准。如果没有达成的话，我们就会进行重新协商。

如第二部分所述，我们知道人和观点的多样性会使集体更加聪明，而这种多样性会丰富我们的生活、家庭、友情，当然，还有我们的饮食选项。

但是，值得注意的是这些条件并非大家自然而然地就自愿、全无抗拒或暴力就这么定了。

这就使得达成共识、塑造行为、建立人类行为界限，使我们能够和平共处的这一能力成为一个永久技能。

若要培养这一能力，你可以：

（一）树立坚定的信念，

（二）努力做到绝对清晰，

（三）让自己和他人承担责任，

（四）建立社会秩序和公约，

（五）关注价值。

（一）树立坚定的信念

我们最喜欢引用温斯顿·丘吉尔的那句话：

永远不要屈服——绝不、绝不、绝不，不屈服于任何东西，不论它是伟大或渺小、庞大或细微，除了荣誉和理智外，绝不屈服。不要屈从于暴力，不要屈从于表面上气势汹汹的敌人。

第十二章 秩 序

这一表达相当明确,很难想象当时普通的英国"汤米"们(Tommy)在1941年听到丘吉尔如此振奋人心的话语时会不会想"所以在屈服前是三个还是四个绝不"。

事实上,丘吉尔自己也没有这么坚定。美国直到1941年12月才加入盟军,而德国军队十分擅长从空中摧毁伦敦东区并把英国士兵困在海边。

这是一个关键的区别。领导者并非自身要十分坚定,而是需要在其人民、组织或团队中营造一种坚定的信念。

实际上,我们在现代西方民主中所经历的大多数失序都是因其大多数人民缺乏坚定信念所导致的。

在很多西方国家中,宗教正在走下坡路,因此产生了一种道德或伦理的不确定性。西方世界的文化比起之前更为多元化,这就使得共同的认同感和共同信念的确定性遭到了冲击。此外,随着制造业等重工业和农业不是被外包到发展中国家就是被机器人取代,对于收入和就业保障的不确定性更是加剧了恐慌和不满的传播。

换言之,缺乏安全感就会动摇社会规则,破坏社会和人际秩序。

当然，这点在所有机构中均有体现。

根据《儿科儿童健康》(*Paediatric Child Health*)杂志上名为《贫穷对儿童教育成果的影响》(*The Impact of Poverty on Educational Outcomes for Children*)等一系列研究表明，社会经济地位较低的儿童容易取得较差的成绩，他们"在沟通与词汇技能、数字能力、抄写和辨认符号、集中力、团队作业与合作方面得分更低"。

儿童发展研究协会所做的其他研究也发现，来自低收入家庭的儿童受到的积极教育更少，而皮质醇水平更高，这通常意味着认知发展水平更低，这一当代研究的绝大部分内容与1966年约翰·霍普金斯大学社会学家詹姆斯·S.科乐曼在其《教育机会的平等》(*Equality of Educational Opportunity*)报告中的发现相吻合。

这些以及其他对教育结果的研究表明，充满不确定性的家族和家庭生活会极大地影响儿童的学习表现。

这并不意外，因为如果孩子不得不对生存需求进行谈判，那么比起三角学来说，他们的脑海里有更重要的事情需要去考虑，这是我们都能感同身受的。如果我们正在遭遇压力或胁迫，那么便很难

第十二章 秩 序

集中注意力去做日常事务。

当然,这点也会出现在我们的公司和组织之中,因为团队和员工会被传达出最坚定信念的领导者所吸引,消费者会从最具说服力的销售人员处购买东西,而对未来愿景和使命最具坚定信念的文化才能够吸引并留住最具活力且最有能力的团队成员。

换言之,秩序源自确定性的建立。

(二)努力做到绝对清晰

"我们当然会遵循规则,那么规则是什么?"

这听起来像是马克思兄弟[①]电影的台词,但这一对话的各种版本在我们生活的方方面面上演着:学校、家庭、组织,甚至人际关系之中。

如果我们想要建立行为举止准则,那么清晰与否便十分关键。

本·亨特–戴维斯(Ben Hunt-Davis)在他的著作《它能使船更快吗?》(*Will It Make the Boat Go Faster?*)中讲述了英国在2000年

---
① 美国喜剧团体。——译者注

悉尼奥运会获得男子划艇比赛金牌的故事。

对于我们来说,本书书名是我们称之为"引导问题"的典型例子,引导问题会关注结果并且对行为和行动做出了绝对清晰的传达。重要的是,人们可以自己来回答这个引导问题,并相应地调整自己的行为和优先考虑的对象。

这个引导问题不仅相当明显地表达了"速度"这一对象,同时还设置了成功的框架,消除了怀疑与模糊性。

本书另一个有趣的点是关于"分层目标"（layered goals）这一理念。会让"船更快"（或是企业发展或身体更健康——任何你觉得合适的个人抱负）的并不仅只有一件事,而是他们所做的所有事,每个小目标或小任务都必须帮助船变得更快。

这一观点中的要点,以及使其不仅仅是个局限的体育类比喻的关键点在于它能够激励自我修正行为。

有了清晰的引导问题,我便无须向管理层、父母、"权威机构"或同辈确认我做得是对或错,答案就蕴含在题目之中！

我们要围绕希望的和可接受的行为制定清晰的参数,我们必须

第十二章 秩　序

绝对地消除疑惑。这样一来，我们就能够减少对行为的各个方面进行微观管理或监督的需要，人们能够根据自己的目标管控自己。

（三）让自己和他人承担责任

在考虑监管绩效和推动问责的明确度量和措施的相关商业案例研究时，你通常不会想到1970年代的范·海伦（Van Halen）和1980年代的大卫·李罗斯（David Lee Roth）这类华丽的乐队主唱。但是，我们会。

我们都十分了解，知名度高的人倾向于对自己的巡演装备有着怎样过分的要求：十二支完美的长颈白玫瑰，去除刺后以美好的姿态置于磨砂玻璃花瓶之中，再配一瓶从罗马尼市场商人那里"盗"来的苦艾酒之类的饮品。

在20世纪70年代和80年代巡演的时候，范·海伦也不例外。

他们的装备包含装着苹果、橘子、葡萄、梨、瓜、奇异果和香蕉的新鲜果盘，热饮包括热咖啡（非速溶咖啡，这也在情理之中）、用于泡茶的热水、立顿茶包、花草茶包、土菠萝蜜、12个柠檬、奶油和糖，小点心则有——带各式蘸酱的薯条、坚果、咸脆饼干、M&M巧克力豆（注意：绝对不含棕色巧克力豆），12个里斯花生杯，以及12盒各种口味的冰镇达能酸奶。

你或许已经发现这个清单中最关键的东西是M&M巧克力豆——更确切地说，是"绝对不含棕色巧克力豆"这个要求。

"小题大做，"你可能会这么认为，"爱慕虚荣的人！"

但事实证明，这确实是十分重要的事。摇滚巡演的话通常会有许多装置，而范·海伦的东西只会更多——烟火、灯光、音响、移动舞台。要注意的东西很多，而这些东西构成了系统中的多个断裂点，这远远超过了乐队能够主动检查的能力范围。

因此对于乐队而言，M&M巧克力豆就成了一种"煤矿里的金丝雀"①，正如主唱在2012年对《商业内幕》（*Business Insider*）所说的那样：

假如我是在后台担任灯光和舞台设计的建筑师，然后我发现桌上的M&M豆里有一颗棕色的，我就可以确定承办方没有仔细阅读

---

① 危险的预兆。——译者注

第十二章 秩 序

合同追加款,那么我们就不得不(对整个舞台设置)进行认真的检测了。

要建立秩序,我们就需要设置相应制度与检查来使我们自己对自己的话负责,使他人对共同的期望负责。

(四)建立社会秩序和公约

如果没有采访过任何法律专业人士,便在把控制视为永久技能的情况下讨论秩序的话,那就会是一种疏忽。

因此我们与原来做过专职律师、代理审判员、退休检察官的尼克·考得瑞(Nick Cowdery)进行了讨论。

尼克与我们分享道,尽管我们的辩论与判断是基于已证事实和表述清晰的法律,并且会运用先例来指导当前的应用,但对错通常不像我们所期待的那样黑白分明。

导致这一现象的部分原因在于群体标准的变化,法律经常跟不上社会价值的变化速度。例如,同性婚姻的相关法律、对堕胎的(社区和执法方面)态度、群体对吸毒和安乐死的态度等。

尼克认为，大多数决策分解下来就是：出庭人员的议程、预约的政客和委员会以及法官在做出决策时所掌握的信息。换言之，良好的判断需要良好的判断力。

鉴于这一经验，尼克向我们建议："要培养自己的无用识别技能，在很大程度上是需要生活经验的，因此希望能够尽可能积累更广泛的经验。现在仍有太多人总是不假思索地接受自己信任的渠道所提供的无用信息，但真的不应该这样。"

尼克认为每个人都有其动机，并不一定是邪恶的动机，只不过人们在所有关系中对于自己所讲的内容肯定是带有一定目的，并且存在自己想要达到的结果。

"你需要学会读懂人们的动机，明白他们的目标可能是怎样的，然后自主批判地考虑自己是否受其影响了。"

他就高压之下如何做出有秩序的决策提出了五个步骤：

（1）评估你已有的信息。

（2）列出你的决策可能出现的结果。

（3）对正反面影响进行评估。

第十二章 秩　序

（4）参考自己的经验或接触经验更丰富的人。

（5）设定截止日期来激发行动，避免完美主义。

（五）关注价值

如果要评选在研究访谈过程中听到的最频繁的词，高居榜首的就是"价值"。不过就像"领导力""韧性"这些词那样，单个词似乎有无数的定义。

这么多年来，我们如果遇到业务上的困扰都会去寻求汤尼·哈里斯（Tony Harris）的建议。汤尼建立并鼓舞了很多企业，这不仅得益于他具有深厚的金融背景和灵敏的商业头脑，而且他还是团队领导，并且他们是一个追求能够让工作和生活和谐平衡的团队。

"所有的生意到头来都是关系的生意！"汤尼以其富有感染力的热情开启了我们的访谈，"实际上，生活中所有事情都是这样。"

这使我们的对话转向了建立基于价值的企业与群体的重要性。

"从根本上来说，还是一个尊重的问题。不是同意与否，而是尊重。"

汤尼十分认同与人共享成功是更大的成功这种精神，他认为这并非软弱，而是社区建设的关键因素："我认为，风险在于我们可能会失去多方沟通的能力。技术使我们过于习惯'广播'了。"

如果我们没有与和具有不同背景的人在不同情境下进行真正的沟通，那么我们所展现出来的其实是对他们并不感兴趣。

"如果你想要人们对你信服、追随你或对你感兴趣，那么你最好能够表现出你对他们的兴趣。"

汤尼所暗示的是，无论在社会、公司或家庭中，秩序的概念归根结底都具备一套公认的价值观：法律、规则、行为惯例等都只是我们在努力编纂我们认为正确的事物罢了。

纵观历史，就行为准则达成一致的这种能力对于保障和谐的家庭与社区生活至关重要。随着我们对家庭、家族、社会的概念从家庭范围扩展至部落、国家，甚至全球的范围，这一能力只会越来越必要，随着我们的联系和相互依赖程度不断增加，它的重要性也只会愈发增强，这就使得维护和运用秩序成为一种永久技能。

第十三章 执 行

事实胜于雄辩。

——伊索（Aesop）

布洛妮·维尔是澳大利亚的一名护士，从事舒缓疗法护理（palliative care）工作，或用她的话讲，就是照顾那些"回家等待死亡的人"。

她在那些人生命的最后3~12周为他们提供照料，在这期间，她在自己创建的名为"Inspiration and Chai"的博客上记录了他们临死前的言语，分享他们的遗憾，希望我们都能够从他们身上学到点什么。

博客吸引了众多关注，因此她将自己的观察整理成了一本书——《临死前的五大遗憾》(*The Top Five Regrets of the Dying*)。该书十分畅销并被翻译成了29种语言，电影版权也进行了竞标。这不仅改变了全世界对这本书感兴趣的读者的生活，也改变了她的生活。

根据她博客的内容，临死之人"最常见的遗憾"是"我希望自己能有勇气活出真我，而不是别人眼中的我"。

当人们意识到自己的生命进入尾声，然后回顾过往时，便很容易看到自己有多少梦想未能实现。大多数人完成的梦想甚至不到一半，要死了才知道这是因为他们所做的或未做的选择所导致的结果。至少要去尝试并实现自己这一生中的部分梦想，这点很重要。

布洛妮便采取了行动：她创建了博客并创作了一本书，她通过自己实践获得的知识改变了一切。

世界上有许多从事舒缓疗法护理的护理者，他们本应该也听过同样的遗憾，也同样有机会听取这些后见之明，但他们并没有。他们可能在读到布洛妮的书后会想："我本来也可以写这些的。"没错，

第十三章 执 行

他们本也可以。但重要的是，真正去采取行动的是布洛妮！

付诸实践是关键所在。

在回顾自己的成功时，布洛妮与大家分享道："勇气是实现梦想最重要的工具。"她补充道，"勇气通常是促使我们将想法转为行动的加速踏板。"

我们的脑海中都会有未实现的想法，纸片和笔记本上都会涂写着一些未实现的可能性：做到一半的项目、发明设计、小说的情节线索以及我们未来某天或总有一天要实现的"重大计划"等。然而，正如网络迷因（online meme）所说的："'总有一天'并非一星期中的哪天。"

梦想当然是美妙的，但最终看的并非梦想，而是我们付诸实践的事情：我们准备采取的行动以及我们愿意去实现的梦想，从始至终均是如此。历史书中讲述了许多完成了梦想或至少努力了的人，历史记录的从不是那些隐藏自己梦想的人，这使得执行成为我们的第12项永久技能。

使执行成为永久技能的关键因素如下：

- 雄心价廉，重要的是行动。
- 果断执行的能力是领导力的关键技能之一。
- 绩效与行动促生吸引力，而非后者促生前者。

似乎有不计其数的励志名言都在提醒我们执行能力的重要性。

做事最有效的办法就是放手去做。

——阿梅里亚·埃尔哈特（Amelia Earhart）

如果只是等待，那么会发生的就只不过是变老而已。

——马里奥·安德雷特（Mario Andretti）

想想很容易，做起来却很难，而按照想法去做则难上加难。

——歌德

我的丈夫总是说我是他见过的最不屈不挠的人，这的确是事实。一旦我对某事做出承诺，无论发生什么，我都会坚持到底。

——珍妮·克雷格（Jenney Craig）

说得好不如做得好。

——本杰明·富兰克林（Benjamin Franklin）

第十三章 执 行

问题是如果你不冒任何风险,你便会冒更多风险。

——艾瑞卡·琼(Erica Jong)

行动是所有成功的关键。

——巴勃罗·毕加索(Pablo Picasso)

我的整个事业……都是在以微小、丑陋的步伐前进。

——琼·里弗斯(Joan Rivers)

这种名言几乎想要多少有多少,然而,尽管已经有这么多关于行动的名言警句,执行的能力仍是我们需要继续培养的永久技能之一。

如何提高我们的执行能力呢?

(一)限制自己的选项,

(二)通过开始和结束来参与,

(三)应对自己的天性,

(四)培养自己的商业头脑(然后回归自我),

(五)看淡结果。

(一）限制自己的选项

2000年，心理学家希娜·艾扬格（Sheena Iyengar）和马克·莱珀（Mark Lepper）发布的一篇研究表明，有时候更多并不总意味着更好，该研究包括了给予人们大量选择或少量选择。

研究人员决定在一家专门商店进行实验，因为希娜发现自己即便逛了很长时间也会经常什么都没买就离开该店。

因此，她与马克一起设置了一个果酱展，每小时都会置换果酱的数量，然后观察会发生什么。

果酱数量越多，停留的人越多（60%）；果酱越少，停留的人越少（40%），然而后者购买的可能性更高。最终结果为，果酱选项多的一组购买率仅为3%，而果酱选项少的一组转化得出的购买率则达到30%。

当他们将人们最一开始停留的可能性作为一个因素，得出的结论是更少的选择意味着人们购买的可能性比更多的选择的情况高6倍。

我们喜欢有点选择，但过多的选择会使人麻痹，以至于我们最

第十三章 执 行

终什么都不选。

"选择过载"（choice overload）也会出现在人们生活的其他方面。

加州理工大学近期在《自然—人类行为》期刊上发布的研究也表明了相似的调查结果，他们甚至进行了人类大脑功能成像来追踪该效应。

该研究作者科林·凯莫勒（Colin Camerer）说道：

从12个里面挑出最好的可能是个不错的想法，但一下子要从24个里面挑出最好的可能就没那么容易了，因为我们的胃总是小于自己的眼睛。在考虑我们想要多少个选择时，我们的精神层面可能不会表现出决策的挫败。

从这些实验中，我们可以看出即便不增加过多选择来加剧问题，做选择（以及执行）本身就已经很困难了。

当然，我们的选择是无限的，或是接近无限。我们需要掌握的窍门在于将其进行缩减，从而使我们不会因拖延症和完美主义而一无所获。我们必须学会快速删除选项，从而使自己能够真正地做出选择!

事实上,通过决策,我们可以变得更果断,并且执行力更强,而决策中最重要的因素之一似乎就是限制我们的选项,从而使选择变得更加切实可行。

(二)通过开始和结束来参与

乔·沙巴(Joe Sabah)提醒我们:"你不需要一开始就很强大,但你需要开始变得强大。"

如果你想要体型匀称,那么今天就开始步行到街角,明天你就可以步行到下个街角,循序渐进。

正如我们的朋友詹姆士·阿凡尼塔基斯(James Arvanitakis)教授建议的那样,如果想要更多睡眠,那么今晚就早5分钟上床,然后第二天比前一天再早5分钟,以此类推。在和詹姆士喝咖啡探讨在文化和行为上的微小改变是如何产生重大影响这一话题时,他告诉我们,如果某天晚上突然早早睡觉,那么第二天晚上可能就完全睡不着了。因此他现在不这么做了,而是循序渐进,每次

第十三章 执　行

提早5分钟。

换言之，决定成功的最大因素并非承诺的规模大小，而是无论行动有多小，都要启动并对其不断重复。

现代商界中关于这点有趣的例子就是"副业"的发展。由于数字革命消除了成立公司、建立销售网、创建后端应收账款和账单的障碍，许多人已接受了一种以相对安全的现代方式进行创业、做慈善或发展事业。

根据2018年bankrate.com的报告，10个美国人中约有4个（37%）拥有副业，其中一半以上是千禧一代。

当然，许多副业已成为人们的全职工作，苹果公司、易集、安德玛、高鹏团购、Unsplash[①]、WeWork[②]、Oculus或萨尔·可汗（Sal Khan）的可汗学院（Khan Academy）都是这类的案例。

与开始相同，完成也十分重要。不幸的是，坚持到底的韧性和动力却极为稀少。

---

① 手机壁纸软件。——译者注
② 联合办公软件。——译者注

随便问哪个家长,可能家里都会有各种持续很短的兴趣和行为的痕迹:吉他、录音机、溜冰鞋、芭蕾舞短裙、足球鞋、"全由父母照料的"宠物兔子,等等。

当然,这种情况并不仅限于我们的孩子,所有人的家里和办公室里都会丢着一些做了一半的项目。Ratedpeople.com的一项研究表明,英国有1400万家庭都有未完成的家庭项目。

完成技能与开始技能同等重要,坚持到底、不断前进并且能够抵挡新奇或立竿见影的事物的吸引,这一能力能够很大程度上区分真正成功的人和那些仅仅白日做梦的人。

因此,问问自己:

"若想开始,我需要做的第一件事是什么?"

"要推进项目的话,我现在能做的最重要的事是什么?"

"要完成的话,我需要满足哪些要求?"

(三)应对自己的天性

我们许多人都会花大量时间去提高自己的积极性或责备自己不

第十三章 执 行

够自律。

仿佛我们认为人的天性中以及我们自己身上存在一些根本错误。

在2015年的报纸上有一篇题为"运动是否真是良药？——一个进化观点"的文章，人类进化生物学专家丹尼尔·利伯曼（Daniel Lieberman）表示"生理上的惰性是天生且正常的"。

丹尼尔解释道，从进化的角度来看，我们的祖先需要储存能量，因为他们所消耗的食物与采集或捕猎该食物所消耗的卡路里是不相等的。

因此，如果你还在为自己的懒惰找理由的话，那就太没有必要了！

但是，利伯曼的研究以及对该领域的其他研究的进一步解读表明，比起向懒惰屈服，"应对"我们的天性或至少与其"共舞"，我们会变得更好。

根据我们的经验，刻意的设计胜过自律。换言之，虽然动机和自律从短期来看可能富有成效，但涉及实际行为改变时，这两者并不可持续。

根据自身经验，我们知道这是事实。

假设你需要赶早班机，你会做什么？

你会激励自己并采取禅学教律，相信自己的生理钟能够在恰当的时间把你叫醒，使你休息好并精力充沛，还是说会像我们一样设个闹钟？你很可能会把闹钟放在房间的另一边，这样你必须从床上爬起来去关闹钟，从而抑制了自己去点击延时按钮的倾向。

这就是用实际行动应对自己的天性。比起将我们的懒惰或储存能量的渴望设定为一种进化失误，我们应该带着天性这一事实去考虑可以如何构思流程、系统和习惯。

基兰对如何处理袜子比较头疼，并非因为她超级高效，而是因为在家务活方面，她有点能力不足，应该说严重不足！

比起感叹不会叠衣服，她决定只购买一种袜子，这样就无须考虑是否配对的问题（这个想法请随意采用，不用客气）。

我们的朋友马特·切奇则是会穿着露露柠檬（Lululemon）的运动服睡觉，这样他会觉得早上醒来的时候就必须要去锻炼。他说，晨跑最痛苦的一个环节就是在寒冷的早上脱下暖和的衣服，然后换

第十三章　执　行

上运动服，因此，他便将这一障碍从这个等式中移除了。"此外，我没法忍受自己没运动就换掉运动服的这种情况！"他如是补充道。

这一切都表明，如果我们想要掌握执行力（我们的确如此），聪明的做法是停止责备自己，与真实的自己共处。比起脱离6500万年进化的历史，老套地认为"我是一片杰出的雪花，充满着宇宙的无限潜力，而我要将自己的天赋充分地运用于呈现全人类的意识"，接受人类天性的事实，我们成功的概率会大幅上升。

（四）培养商业头脑（然后回归自我）

执行的最大障碍之一就是自我怀疑。我们花费大量时间去赞赏他人的成功，猜测他们肯定有什么我们缺乏的特别能力或品质。

长大进入大学后，我们会崇拜那些成功的生意人、首席高管、公司董事等，然后心里想着："总有一天，我们会对他们做的事情略有所知。"当然，在为董事会和领导团队提供咨询近30年，并与一些董事聊过后，我们很快意识到："他们也都是包装出来的！"

有了这一发现，你应该可以不用再贬低自己了。

要在这个充满竞争的世界中生存，我们都需要培养商业头脑。但我们需要支持自己做出明智的决定，即便是在面临极度的挑战时也是如此。

凯伦·梅里克斯（Karen Merricks）（与其丈夫罗伊）创建了一家价值上百万美元的旅行公司，名叫MTA旅行公司。不过，比起公司本身的成功，其模式的成功更为重要。他们在20多年前所想出来的这一模式极具开创性。

20年前，当我们成家时，我们认为肯定有更好的工作方式。我想着如果我们需要这个的话，那么其他人肯定也会需要。我们倾其所有，完全没给自己留后路！

他们所创建的业务模式支持旅行中介更灵活地服务他们的客户和消费者，使他们能够在家或其他办公空间办公，而不是被困在主街办公楼或商场的某张办公桌前。

事实证明凯伦和罗伊的洞察力十分正确，但更重要的是他们愿意去执行并且在需要的时候进行调整。

他们发现其他人，尤其是女性，希望能够为家人提供支撑。他

第十三章 执 行

们希望能够自己赚钱,他们希望为自己工作能够给他们提供自由和灵活性。

凯伦对于身为父母的工作人员的思维有着十分准确的理解。基于努力、远见以及极大的同理心和善意,他们建立了一个开拓性的企业,让人们有机会能够协调自己的工作与生活的其他部分。

凯伦企业的成功以及她为这些聚集到她麾下的人所做出的贡献需要真正的商业头脑,她并不是简单地挂起招牌然后做起一般的旅行公司,她是通过建立一个全新的业务模式对这个行业进行了改造。

通过这一新的业务模式,凯伦帮助了成百上千的父母在自足地养育他们的子女的同时,分享着他们对旅行的热情。

当如凯伦和罗伊这般聪慧的人成为生意人后,对于其成功更具决定性意义的是愿意启程、出发和回归自我。

(五)看淡结果

2000年,丹(Dan)这个当时极为糟糕的公共演说家带着30分钟的材料和4个月的经验开始了全球巡演。3年后，他成功了，并且在美国、英国以及澳大利亚等国家登台表演。

这一成功的关键在于愿意看淡结果。

在其喜剧事业生涯的最初阶段，可以说丹总是"有太多顾虑"，他总是会被"他们如果不笑怎么办？万一我被起哄怎么办？万一忘词了怎么办"诸如此类的想法所折磨。这些都是极为合理的恐惧，因为它们都是会让人失望的情况。

然而，随着时间推移，丹意识到自己实际上并不是在为观众演出，他是因为自己的热爱而演出。这一想法使得他当下十分欢喜，从观众的期待或反应中超脱出来，并且随着这一超脱，他的自信和能力随之提升。

实际上，丹的这一超脱对其影响如此之深，以至于他每次走上舞台都会提醒自己："无论他们笑或不笑，我都是为了自己演出！"

但要注意区分超脱和漠不关心——即使轻微的漠不关心经常会使你觉得仿佛很神气。

励志演说家经常会问他们的听众："假如你知道自己不会失败，

第十三章 执 行

那么你会做什么?"我们认为这可能是个错误的问题。显然,在追求卓越的道路上,我们都会失败,而欺骗自己并非什么好事。

能够真正激励我们去执行对自己而言重要的事的更好问法是:"什么能够让你感觉更具活力,对他人的看法更超然或超越成功的标准?为什么你还没开始行动?"

如果要成功执行、享受过程并全身心投入,我们需要跳出自己的固有思维,或者说,利用我们的天性来为我们的这一进程提供助益。

通过与真我共事,通过以我们的工作能提供的价值为基础来培养商业头脑,通过限制我们的选项、进行决策、超脱结果,我们使自己从概念走向了实际。

正如歌德所说:"勇气里蕴含着天赋、力量和魔法。"这是古老的智慧,却与当下依旧相关,未来也不会过时。

总　结

每个人都想着要改变世界，但没有人想过改变自己。

——列夫·托尔斯泰（Leo Tolstoy）[①]

现在已是本书的结尾，但我们不希望您将其视为一个句点，而是希望您能够将其视为一种邀请，邀请您通过培养这些永久技能去拥抱未来。

我们将会永远需要本书中所收集和分享的技能，这是它们的终极力量。当然，并不仅仅是指本书中提到的这12项永久技能。我们

[①] 俄国文学家，主要作品有《安娜·卡列尼娜》《战争与和平》。——译者注

明确了许多需要进行分组、加强或是省略的技能，不过那样的话，这本书就永远都读不完了！

我们希望您也能够明确自己的永久技能，然后将这12项永久技能以及自己的想法与公司、团队、家人以及孩子（甚至是和我们——我们将非常乐意聆听）分享，这种从人生经历中积累的知识将会继续帮助我们所有人去探索未来。

我们希望您能够和身边的人讨论关于永久技能的这个理念，能够将本书以及您在书中获得的技能传递给他人，对什么是经久不衰且永远有效的技能进行辩论，对什么是值得在公司、团队或家庭中保留的技能进行判断。下一次，当有人过分紧张变化带来的冲击时，冷静地提出一点小见解，使他们能够看到变化的三个维度，而不仅仅是其中一面。

有太多事物正在改变，太多需要改变，也有太多尚未改变。

1. 什么正在变化？太多了。在本书的研究过程中，非常明显的一点就是我们最终无法掌控到底有多少事物处在变化之中（尽管"控制"是我们明确的三组永久技能之一）。

总 结

2. 什么需要改变？需要改变的事物太多了，它需要像您这样的人去改变它，历史上从未有哪个时期像现在这样能让人发挥如此重大的作用。所以，改变那些值得改变的吧！为什么不呢？为什么不现在就行动呢？

3. 什么尚未改变？正如许多事物正在改变一样，也有许多事物没有改变。从根本上来说，人们的需求并没有改变：我们需要被爱、欢笑、哭泣、融入，需要感到自己的重要性，需要觉得自己的存在能够为自己在乎的人带来不同，这些需求都没有消失。

在前言中，我们宣称打算启动平静之筏驶向关于改变的痛苦之海。我们的使命是帮助我们的读者、领导者、孩子，甚至我们自己去减少担忧并实现更多成就。

换言之，正如赫拉克利特所建议的，我们最好对变化会常伴我们生活的这一事实习以为常。

这就使我们的总结如下：

首先，永久技能值得投资。无论未来如何，这些都会具有价值并且会为我们带来成功。若我们想要使自己、我们的子女以及我们的团队跟上时代且富有远见，我们都需要在永久技能上好好投入。

其次，最大的力量最终还是在于我们自己。借用托尔斯泰的名言：若我们想要改变世界，首先我们必须努力改变自己，抱怨变化或希望其消失的做法无济于事。无论我们选择将自己的精力和兴趣投入哪方面，做好准备和坚韧不拔都会是十分重要的资产。

最后，也许是最重要的一点，对技能和能力的培养以及对终身教育和个人重塑与发展的需求本身就是一项永久技能。

未来所经历的每一个新纪元都会对我们现存的价值观和惯例有着特有的技能要求，也会带来独特的挑战。若您渴望确定性，那么现实就是这样，变化是体系的既定运作方式……我们需要的就是应对它！

不过，这也意味着我们个人也可以做很多事情来使我们自己、我们的组织和我们的子女为未来的成功做好准备。

我们可以传给子孙后代的最伟大的永久技能就是对学习的热爱和对技能与能力的渴望。

这种渴望与需求将永不过时……永远不过时。

附录一 回顾过往，展望未来

鉴于我们将本书中的能力定义为"永久技能"，这些技能对成功和生存而言要经得起历史考验。

考虑到这一点，附录一将具体阐述我们在关于那些经久不衰的技能以及它们在当下和未来所发挥的作用方面的部分发现。

我们将人类历史大致分为以下三个阶段：

1. 远古世纪

2. 近代史

3. 现代世界（21世纪初我们所处的世界）

这与我们所做的所有研究一样，都是旨在明确模式与趋势，并将把证实为经久不衰并且对使用者而言始终是资产的技能分离出来。

我们的一个重要发现是，不同文化和产业常常用不同的词汇去描述特定的技能或品质。实际上，技能的定义差别以及对这些定义的幅度极为重要。在附录一中，我们采用了历史学家、考古学家以及社会学家所用的措辞来描述他们探索的文化和时期中的日常生活和工作的技能。

为了研究的"效用大于完整性"之目的，我们所关注的或是极为成功，或至少是在其时期极具影响力的文化，我们也考量了对当今世界仍有影响的文化。当然，若能对整个人类历史的工作实践进行评估的话那就好了，但那已超出了本书的宗旨和范畴。

一切都开始于很久之前的远古世纪

我们对远古世纪的探索，老实说，并不详尽。

我们面临的可能会影响这一探索的问题之一便是这些文化必须要对日常生活有充分的书面或至少广为人知的口头记录，这点十分重要，因为只有这样，我们才能够对影响他们日常生活、成功和进化的技能得出一些合理的结论。

我们的考量中包含的内容：

- 全球的本土文化（包括澳洲、非洲和美洲）
- 古埃及
- 古波斯
- 古美索不达米亚地区
- 古印度
- 古希腊
- 罗马
- 中国和日本

正如我们所预料的那样，全世界的技能在极大程度上存在一致性和重复性。无论我们身处何处，有些事情都是我们需要面对和处理的。

这其中有许多是源自考古学家、社会学家和历史学家所做的研究。不过，人类生活的基本职能一般也在我们的意料之中。

古代中国人将劳动人民分为四个阶层：

1."士"指学者；

2."农"则指农民和从事粮食生产工作的人；

3."工"指的是通过艺术赋予生活意义的人；

4."商"指的是商人。

与众多古代社会相同，社会地位具有等级之分，上述四个阶层便是按照社会重要性的顺序排列。

学者占据社会的上层，而商人则是处于底层。

古代的其他国家对于从事的工作和工作所需的技能都有着共同的等级观念。习得的技能水平越高，可能阶级或社会地位便越高。

值得注意的是，古代社会在性别与工作方面也有较为明显的区别。鉴于性别革命和女性选举权在相对近代时期才出现，这种情况也毫不意外。

现在，让我们来看看古代社会反复需要的一些技能要求、角色和工作职责：

- 贵族阶层（nobility）——古希腊人将这个群体称为"贵族

（aristocrats）"（这一表述沿用至今）。

- 政客（politicians）——古罗马时期，政客由罗马贵族（patricians）和平民（plebeians）组成。
- 牧师和道德权威。
- 管理者，包括律师、调查员、抄写员、收税员、学者和教育家。
- 艺术家和演艺人员（包括更多成人性质的演艺人员）。
- 建筑人员，包括泥瓦匠和木匠。
- 士兵，包括专业军队和现代的应征士兵。
- 农民，以及其他从事食品和饮料生产工作的人。
- 交易与手工艺人，如金属工人和理发师。
- 商人和店主。

最常出现的是生存类技能，如粮食生产、收集水、提供住处等，这些在每个社会中都十分关键。不过值得注意的是，即便在古代社会，其他一些重要考量在所有文化中也十分普遍。

- 对安全和控制的需求——通过军队力量、道德权威和政府官僚机构；

- 对联系、创造力、沟通、互动和精神刺激的需要——通过艺术和娱乐；

- 推动商业发展的能力——由商人阶级、贸易、管理者和收税人提供。

虽然每种文化中的技能和术语会有不同，但无论这些不同的文化所处的地理、政治或年代有何差异，它们所提供的功能、角色或价值是共通的。

但是，这些技能或特点是否会在历史中进行传递？它们是否会进化？或是否会被弃置？

近代史

在近代史中，我们主要关注欧洲文艺复兴、工业革命、美国经济体在"二战"后的崛起，以及20世纪末亚洲经济体日益增长的影响。

与以往相同，我们的指导重点依旧是偏向在其时期及之后对整

附录一 回顾过往，展望未来

个世界产生影响的文化、地区和信仰体系。

这一时期最有趣的或许是我们得以在相对较短的时间内穿过了好几个纪元或技术时代。我们先是从农耕时代进入农业时代，然后进入启蒙时代，随后进入了第一次工业革命时代、信息时代，然后进入了我们现今依旧在探索的早期数字革命时代。

这一史无前例的变化速度所带来的历史进程使得我们能够在相当短的时间内看到技能、能力、工作和角色的得势与失宠，也观察到了哪些在这一进程中得以幸存或进化。

最值得注意的一点或许是地理改变，这在宏观层面和微观层面都对我们造成了影响。

大规模的迁徙是18世纪、19世纪和20世纪的一个关键特征，这主要是因为欧洲殖民"新大陆"，亚洲和非洲的移民与搬迁，以及交通技术进步推动的个人流动。

许多迁徙行为都具有一定争议性，至少可以说，奴隶制和战争使得许多人被强制流离失所、背井离乡。

通过对国家人口统计学和人口组成的讨论，我们也容易更关注迁徙的宏观性质，而非其微观性质。而对于19世纪末20世纪初的移民讨论，我们常常容易忽略的则是农村地区向城市地区的人口迁移，而这甚至可能是更具影响力的一个方面。

四次工业革命

第一次工业革命塑造了18世纪和19世纪的欧洲和南美洲，在这一时期，绝大多数农耕和农村群体的工业化和城市化水平得以提高。

这对现代社会中子女和工人的教育方式产生了极大影响，我们可以发现许多教育实践都起源于英国西米德兰兹郡的"黑乡"①（Black Country，之所以称之为"黑乡"，是因为当时这些地方是黑烟弥漫的英国工业强区）这类地方。

这次革命从根本上改变了采矿业、炼铁业、纺织业。此外，蒸汽机的发展在推动技术重大进步的同时，也有力地打破了社会与人口习俗。

---

① 英国的密集工业区。——译者注

附录一 回顾过往，展望未来

第二次工业革命通常被认为是发生在19世纪末至"一战"爆发前。人类对当时称之为"替代能源"的使用或许对这一时期的影响最大。

石油、电等燃料源促进了世界从原来以机械创新为主转为现代社会标志性的技术创新，包括电话、电灯、录音设备以及内燃机等物，使飞行和个人及城市人口广泛的"无马"交通成为可能。

正如第一次和第二次工业革命见证了从机械到电力的转变，第三次工业革命则见证了模拟电子技术和机械设备向现在极为普遍的数字技术的进步。这一纪元离现代更近，源起20世纪80年代，主要影响为个人计算、互联网和信息通讯技术方面的变化。

虽然像世界经济论坛创始人兼《第四次工业革命》的作者克劳斯·施瓦布（Klaus Schwab）教授等人认为的那样，随着物联网发展，我们已经过了这一重要的临界点，但若断定我们依旧在解决第三次工业革命所带来的变化，当然也是合情合理的。

这使我们进入了一个新的技术阶段，像谷歌内部未来学家雷·科兹威尔（Ray Kurzweil）等人会将其称为"奇点"，即数字世界与生物世界的交集。

第四次工业革命的特点是技术与社会，甚至是人体或人体内部的新融合方式。许多领域的新兴技术突破都表明了这一点，包括机器人、人工智能、纳米技术、量子计算、生物技术、物联网、3D打印和自动驾驶等。

继施瓦布对第四次工业革命的阐述之后，世界经济论坛还在其2015年公布的《未来职业报告》中概述了他们认为彼时的未来（2020年）会产生影响的技能改变。报告中预测未来5年里将会发生重大改变的十大技能如附表1所示。

定义最近这次工业革命的是，我们作为一个种族所面对的最令人害怕的技术变化。

这一定程度上是因为我们实际上很难将自己放到过去的人的思维之中，并对那些在18世纪末抛下自给农场并尝试探索第一次工业革命的农业劳动者所可能经历的事情产生真正的同感，不过这也确实很难，因为这些改变第一次质疑了人类的使命和需求。

我们曾认为永远有用的职业、技能和角色也可能消逝在历史的

附录一 回顾过往，展望未来

附表1 排名前十的技能（2015年 vs. 2020年）

2015年排名前十的技能	2020年排名前十的技能
1. 复杂问题解决	1. 复杂问题解决
2. 与他人协作	2. 批判思考
3. 人员管理	3. 创造力
4. 批判思考	4. 人员管理
5. 协商	5. 与他人协作
6. 质量控制	6. 情商
7. 服务导向	7. 判断与决策
8. 判断与决策	8. 服务导向
9. 主动聆听	9. 协商
10. 创造力	10. 认知灵活性

数据来源：世界经济论坛《未来职业报告》。

长河之中，有些未来学家（在理查德·巴克敏斯特·富乐的成果中便可见这一背景记录）认为，社会的充分就业可能不再是一个相关的社会目标或经济需求。

这带来了极大的社会焦虑与困惑，因为它冲击了我们的文明赖以建立的基础。我们现在正处于未来的节点之上，或许我们需要重置对资源和财富的分配方式，以及我们对自己时间的分配和使用方式的思考。

性别与地理异同

在这一历史探索中,更具争议性的一方面是不同时代和不同地方对于不同性别和种族所存在的重大挑战和不平等现象。

这当然给本书的创作带来了其独有的问题。例如,在分析过去的技能和工作实践中,很难忽略对奴隶的偏见和不公待遇、种族隔离以及历史上对不同性别角色之间所划分的强硬立场。

我们认为对过去的过错和偏见进行评价并不属于本书的范畴。老实说,本书太过简短了,无法详述这类具备如此大规模和重大意义的问题。

不过,我们已尽可能使我们的观点与现代社会保持相关性,并且在此过程中,尽可能地使我们的表述保持性别中立和地缘政治敏感。

附录二　当今职场的趋向

事实证明,"今天有的"并不总意味着"明天就没有"。

不过,若我们要找个词来评价现代世界的话,那么可能很难跳过"一次性"这个词。我们曾经执着于事物的制作工艺、缝合质量、木工和设计如何,而现在我们则是更多地关注价格与便利性。

实际上,"一次性"这一表述也被用于描述西方世界的整个经济前景,从资源的浪费到短期的注意广度和超耗。

大量证据证实了这一评价。我们草率地浪费资源:我们的能源消耗污染着地球,并且从经济上来看愈发不可持续,我们的这种"一次性使用"的态度使得土地"超填"(海洋里塑料成堆),并且使手工艺与专业技术渐渐消亡。即便是人类自身也逐渐被当作商品使用,有用就上,没用就弃。

这就影响了我们对工作和生活技能的思考。我们倾向于仅仅认为技能是需要根据趋势而定,并且具有时效性,但现在也有理由相信情况可能并非如此。

事实上,关于未来依旧重要的技能、未来工作的形态,以及我们应该将自己和子女的教育基金投向何处等方面有着大量的研究。

那些来自学术圈、专业服务领域、人力资源与招聘的许多研究帮助我们大致确定了自己的研究所采取的方向,从这方面研究的数量之丰可以看出这一领域的研究促生了多大的激情和兴趣。

然而,意图是这些学者、招聘人员和咨询人员的工作与我们的工作之间的关键区别。他们想要明确什么是新的事物、什么是会改变的事物,以及我们需要补充进人类能力库的东西,而我们主要关注的是在这个变化的世界中,哪些会保留并经久不衰。

对于希望能够了解改变的风向的人而言,许多"新技能"无疑是极为有用的;不过,这些技能中的一部分也或许是绝大多数都可能被认为是短暂的,我们称之为"时代的智慧"。

换言之,它们是属于某一特定时代、纪元或是历史时代。

例如,锻造技能在铁器时代尤为重要,但现在3D打印和自动化已永远改变了我们锻造金属的方式(甚至改变了这些金属所含的元素),锻造技能的重要性也就降低了。

不过,正如理解过去和当下的工作趋势极为重要一样,探索其他专家对于现在和未来的看法也同样重要。

当前趋势和未来重点

为了更好地了解技能领域的当前进展状况和未来关注重点,我们首先将目光投向了已有的关于未来工作的研究。我们发现,非常多。

关于未来技能的研究大致分为四大领域(或至少可以说这几个领域最能引起我们的兴趣):

1. 学术资助(*Academic funding*),我们着眼于何处?

2. 人力资源关注(*HR focus*),我们寻找的是谁?

3. 工作场所的变化（*Workplace shifts*），我们购买的是什么？

4. 工作未来研究（*Future of work research*），我们投资的是什么？

鉴于它们与话题本身的密切程度，这些是我们认为最明显的选项。影响我们的初始研究的部分研究、白皮书和文章如下：

- 埃森哲的"利用革命——创造未来劳动力"，艾伦·舒克&马可·尼科伦（2017）。

- Adobe的"工作的未来"（2018）。

- 《澳洲金融评论》"软技能并不软"，马可·艾格雷顿（2018）。

- 《澳洲金融拼了》"增强技术而非取代"，马可·艾格雷顿（2018）。

- 布鲁金斯"非洲工作的未来"，艾米·科普利（2018）。

- CEDA[①] "澳大利亚的未来劳动力"（2015）。

- 欧洲职业培训发展中心"欧洲的未来技能需求——关键劳动力趋势"（2016）。

- 高知特公司"未来的工作——亚太地区数字经济业务和职业的未来"，曼尼什·巴尔（2016）。

---

① 澳大利亚经济发展委员会。——译者注

- 康斯律师事务所"亚太地区工作的未来",安东尼·福尔赛斯教授(2017)。

- 外交关系协会"未来的工作"(2018)。

- 德勤—南非"工作的未来",瓦尔特·雅道。

- 德勤"商业成功的软技能"(2018)。

- 德勤"劳动力的未来",杰夫·施瓦茨、乔西·波尔希、朱丽叶·鲍尔科、罗伯特·戴安娜、麦当娜·杰拉特、安格斯·诺尔斯-柯尔特勒、哈维·路易斯&比尔·佩尔斯特(2016)。

- 美国生态商业网"发展中的亚洲的工作的未来",英格丽德·凡维斯(2018)。

- 爱立信公司"下一代的工作生活——生存指南"(2018)。

- 安永"工作的未来"(2018)。

- 安永"若我们所知的就业在未来不复存在该将如何",西尔维娅·赫尔南德斯、乌尔里克·哈斯巴根、吉拉尔德·奥赛–邦素、瓦伦媞娜·洛赛里&瑞吉娜·卡尔纳(2018)。

- 快公司(FastCompany)"未来工作需要的五大超级技能",

斯达芙妮·弗萨（2018）。

- 福布斯技术委员会"2018年高需求的13大技术技能"（2018）。
- FYA"新工作思维——帮助年轻人探索新工作秩序的七大新工作集群"（2017）。
- 《哈佛商业评论》"你的未来"，托马斯·查莫罗-普雷姆兹克（2013）。
- 瀚纳仕（Hays）"2018年十大招聘趋势"（2018）。
- 瀚纳仕"需求技能热点"（2018）。
- 国际劳工局"过去与现在的技术焦虑"，大卫·奥拓&大卫·多恩（2013）。
- 国际劳工局"拉丁美洲和加勒比海的未来工作、就业和技能"，若瑟·曼努埃尔·萨拉萨尔-希里纳奇斯。
- 国际劳工组织"未来的工作——欧洲的工作意义与价值"，汤米尼克·梅达（2017年10月）。
- 领英"2018年最具潜力和需求的技能"（2018）。
- 麦肯锡咨询公司"数字化自动化和人工智能"（2017）。

附录二 当今职场的趋向

- 麦肯锡咨询公司"未来工作报告"(2018)。
- 《麻省理工技术评论》"美国对未来工作的准备如何?",艾伦·温尼克(2018)。
- Monster.com"让你更受雇主青睐的七大工作技能",丹尼尔·包尔兹(2018)。
- 《我的商业世界》(*My Business*)"2018年最受招聘人员欢迎的技能"(2018)。
- 观察家研究基金会"亚洲工作的未来",马尔科·萨克斯尔(2018)。
- 普华永道"远见——2050年经济秩序将如何改变",约翰·豪克斯沃斯、汉娜·奥蒂诺&罗伯·克拉里(2017)。
- 普华永道"未来劳动力——塑造2030的竞争力",卡洛·斯图宾斯(2018)。
- 任仕达"2018年六大主要劳动力趋势"(2017)。
- 加拿大皇家银行"未来技能报告"(2018)。
- 欧洲政治战略中心"未来的工作"(2016)。

- 世界经济论坛"非洲未来的职业与技能——为第四次工业革命做好准备",理查德·萨蒙斯&萨阿迪亚·萨迪(2017)。
- Upwork"未来劳动力人力资源报告"(2018)。
- 韦莱韬悦"未来工作的五大迷思"(2018)。
- 世界经济论坛"2018年拉丁美洲经济论坛"(2018)。
- 世界经济论坛"2010年所有公司雇用所需的八大职业技能",卡迪·汤普森(2016)。

我们从这一研究中学到了什么呢?还是和我们的历史研究一样会出现一定的模式,有些可预测,而有些则难以预测。大多数现有的研究的关注点是如机器人、工程编码、人工智能等这类新的技能,它们几乎总是会被一些看似熟悉的技能组合予以增强。

因此,虽然数字素养在我们当下生活的时期可能被视为一项紧迫的需求,但沟通技能、问题解决能力、创造力和商业敏感度等也同等紧迫。即便在仅仅关注未来时,研究也表明了一个事实,即现已十分重要的技能在将来也依旧重要。

这与我们自己的研究发现绝对吻合。

附录三 十年的工作和研究

在过去10年中,老实说甚至是过去30年里我们所做的工作的巨大特权之一就是我们几乎每天都能够有机会与世界不同地区的不同行业和专业人士合作。事实上,几乎已经没有哪个行业是我们尚未合作过的。

拥有如此丰富且多样的专业经历的重大好处是我们能够了解跨越所有行业的宏观趋势,而不仅仅是专业世界里的极小部分。

这也使我们得以向全球的代表询问很少人有机会提的问题,并且使我们得以获悉一些秘密的战略信息。老实说,知道了这些信息,如果我们在证券市场上交易的话那可能就不合法了。

作为公司发言人和组织培训者,我们现在的工作性质也意味着我们能够有渠道和方法在同一时间向成百上千不同行业的人提问,并通过现场调查等数字技术收集回答,这使得我们无须通过拨打烦人的冰冷电话或是打断别人用餐等方式就能够获得大规模的样本。

这意味着我们工作的性质是以研究为基础,这为我们提供了许多方法,通过这些方法我们能够找到跨领域的行业整体和其中的个体的相关事实。

这些方法包括:

- 与几乎每个行业部门和类别的领导团队进行战略性对话。

- 通过社交媒体与成千上万的个体进行接洽,运用数字和良好的老式类比技术进行公司和观众会议调查(举手)。

- 对全球不同领域的专家进行了超过百场的访谈。

那么我们是如何得出预测什么能在未来经久不衰的这一概念呢?

首先,我们着眼于明确要研究的重点行业部门。现在有许多清单对行业类别进行细分,也有许多应用于这些区别的度量。因此

附录三 十年的工作和研究

我们从国际行业部门团队、人力资源顾问、领导力发展组织和包括普华永道在内的专业服务公司处获取清单，普华永道的行业领域清单如下：

- 农业综合企业
- 资产与财富管理
- 银行与金融
- 建筑与交通
- 安保
- 教育
- 能源（油气）
- 娱乐与媒体
- 金融服务
- 政府
- 医保
- 基础设施
- 保险

- 矿业

- 电力和公用事业

- 房地产

- 零售

- 技术

然后，我们列出了这些行业中要采访的专家和行业影响者的清单。

这一过程中的重点是对多样性的需求，并非因为这是"正确"的事，而是因为这样做能够为我们提供更多观点，从而使我们能够更好地探索我们的中心问题。

这意味着我们在很大程度上要依赖国际网络从不同经济模式、文化期望、性别组合、行业经历和教育背景中获得观点的组合。

然后，我们也要确保自己的研究方法也同样广泛。

定量、定性及问题

我们建立了足够获取宏观趋势的行业框架，且其中包含商业领

附录三 十年的工作和研究

导者、名人、运动员、企业家和思想领袖之后，我们便想要以不同的方式来收集信息，这样一来就能够看到人们整体的思考，然后再深度探讨这对他们自己以及他们所处的行业具体意味着什么。

我们一开始采用定性研究，通过领英、脸书等平台分发在线调查，这使得我们能够定位特定行业和兴趣群体，以及具体的地区和目标人口。

然后，我们会将这些调查融入我们的主旨演讲和培训工作坊，运用现场数字调查的方式同时获取成百上千的反馈。

一开始，我们的调查相对简单。我们仅仅只是给参与者提供不同的技能清单，并请他们选择自己认为在未来最重要的3项技能，并按重要性排序。

之后，我们给调查增加了点具体性，如"你认为哪几个会是未来领导力技能中最重要的"，然后还会问到问题解决技能、人员管理技能、自我发展技能，等等。我们的初始调查将这些区别作为最感兴趣的方面，而每个新的调查都会在一定程度上受其前者的影响。

而我们所收集到的结果，老实说，尽在意料之中，令人沮丧。

若你在过去5年里在公司、政府或组织中待过，那么你可能就能猜出排名最高的技能大概是哪些。

不过，虽然定量的数据与我们最初的猜想相去不远，但是定性的研究更加具有启发性。

事实证明，虽然我们许多人都在使用同样的一般言论来描述技能和能力类型，但我们对这些表述所赋予的意义可能大不相同。

我们的定性研究包括与100多位专家进行至少一小时的访谈，从这些访谈中，我们获得了他们自己可能都没有预期到的反应和见解。

我们选择的访谈风格由7个简单的问题贯穿始终。不过，我们几乎从未按照台本进行，而这使得我们能够更有机会顺着对话的展开进行探索。换言之，我们的问题是起点，而非限制。

我们的问题包括：

- 在你的事业中，对于你和你的成功而言最重要的三大技能是什么？
- 你认为自己领域或行业中现在最重要的生活和工作技能是什么？

- 你认为未来最重要的生活和工作技能是什么？

- 什么技能最可能被外包或由机器人和人工智能自动化？你认为什么技能无法被外包或自动化？

- 你会将自己的时间和金钱投资在教育的哪些方面？你子女的教育呢？

- 你认为对于任何类型的成功而言最重要的三大技能是什么？

- 对于你所服务行业的人、客户和消费者或是选民而言最重要或最具价值的将会是什么？

那么，我们从中学到了什么呢？

语言十分重要

语言尤为重要，这一点或许并不意外。

当我们在阿姆斯特丹的一家酒店餐厅写这篇附录时，周边围绕着用德语、法语，当然还有荷兰语交流的商业人士，这些是我们从酒店的谈话中仅能辨别出来的几种语言。

不过，我们在本书的语境中所指的语言，并非特指某个国家或种族的语言，我们所指的是对特定技能的指定描述符号以及特定行业类别和文化所倾向使用的术语和行话。

事实证明，"领导力""韧性""创造力""人性技能"等词汇对于不同的人而言代表着各种不同的意义。

例如，"领导力"对某一领域的专家而言可能是人才管理，对另一些人来讲可能认为它是指愿景设定和战略执行，有人可能会将其形容为命令—管控的方法论，也有人会认为是在采取更宽松的方式来吸引员工追求共同的事业。

与此类似，我们发现"韧性"的含义也可以从对变化留心或"变化居中"到当其他人溃败时仍能创造新的可能性。它甚至（较为不普遍）会被形容是情感上的克制，并将"忍着点儿"这种感觉内化。

当然，这些具体的定义都不是"唯一"的事实，而只是事实的某一方面而已，我们需要将其理清并组装，从而才可能建立这些技能的完整画面。

因此，还是值得对上述区别的定义以及它们如何与我们对话对象相适应进行阐述。

技能 vs 品质 vs 角色 vs 价值

那么，实施、拥有和表现之间有何区别？换句话说，技能是你所做的事？品质是你固有的东西？角色或价值是指你行为标准或是你所表现出的其他东西？它们之间都可互换吗？

我们采访的部分专家提出的另一区别就是技能与能力之间的区别。有些人认为技能似乎存续时间更短且更具功能性，而能力可能与长期发展更为相关。其他人则认为能力可能只是指才能，而技能则需要努力和付出。

这真是两难的境况！

这可以说是我们的研究中最持久的一个问题，并造成了关于技能究竟是什么的一些有趣的区别。

那么，哪个标准最适合采用呢？

鉴于我们的目的，我们将技能定义为能够习得、教学或通过有目的的练习培养的东西，而它的结果肯定会具有某种形式的经济价值、社会价值或是娱乐价值。

我们决定采用"技能"这一词的原因还在于这个表述既包含效

用性，也包含实用性，并且在教育、培训和个人发展的语境中似乎是最广为理解的词。

不过，鉴于以上内容，请不要因我们的语言选择影响了你自己对意义的理解，并且如果愿意的话，您也可以尽情畅想。

宏观趋势和行业见解

我们所做的研究的初级过滤器是对实现模式识别的渴望。比起简单地缩减至某个具体的词或词组，我们更感兴趣的是明确这些词背后的含义，以及它们是否在不同行业、文化和时代中均被重复提及。

在出现的宏观趋势中，许多技能似乎在不同行业和地方差异不大，仅有少数例外。但是，当我们深入探讨具体的技能类型时，便出现了新的区别。

例如，美国的零售商、澳大利亚的矿工、欧洲的银行家可能都会认为"情商"和"问题解决"是宏观层面的关键技能，但他们对"问题解决"的更细的定义信息量很大。

附录三 十年的工作和研究

在对不同行业进行了多次调查、投票和采访后，我们将研究从可能被一般性理解的宽泛的单一词汇表达转向编纂具体的技能群组。

例如，"问题解决"（一个尤为宽泛的技能表述）到底需要什么？是创造力吗？战略？批判思考？设计技能？行为科学？答案通常是所有这些技能的组合，但在不同情况下有不同的措施。

这可能是我们本书提出的最关键的一个观点。在经历了从小学、高中到大学的教育后，我们已被训练成认为技能和智力是有具体线条进行划分，例如数学通常是和科学、艺术与戏剧、社会科学与语言等的划分。

不过，我们发现更有效的结构是将必然互联的技能作为组合进行考虑。虽然将一个或两个单独进行考虑可能比较方便，但还是值得对所有技能之间的联系进行筛选。

从许多方面来看，这点与丹·品客（Dan Pink）在其2005年的著作《全新思维》（A Whole New Mind）中对"和声"的想法相呼应，但它同时也吸收了思想的丰富性，这也是我们现今依旧敬畏的"复兴"思维的定义。

莱昂纳多·达·芬奇可能是最具代表性的典范。现今，他以其作为肖像艺术家的技艺最为出名，但据说他还身体健壮，是极具天赋的音乐家、发明家、工程师、建筑师和武器设计师。

在明确永久技能时，协调多个技能或从协调且和谐的"和声"的角度考虑技能的这一能力也非常重要。

换言之，当我们将"永久技能"视为一个概念，我们需要明白这是指多个技能，是个复数，且彼此相关。

致　谢

如果说我比别人看得更远,那是因为我站在巨人的肩膀上。

——艾萨克·牛顿(Isaac Newton)

本书能得以完成,多亏了过去10年,尤其是过去18个月中我们合作和采访过的上百人的热情相助。

感谢这些杰出的人在繁忙中分享了他们的智慧、观点,甚至是批评与反对意见,才使得本书变得更加完美。

因此,想对所有人说:谢谢,我们将永远铭记于心。

其中,要特别感谢一些人,你们大力协助我们对不同行业和国家的理论、想法和思维进行测试,使我们能够对本书的内容进行压力测试,并确保它能够产生普遍的共鸣。

我们诚挚感谢:

亚当·弗雷泽博士(Dr Adam Fraser),人类表现研究员、作家、教育家、顾问,澳大利亚悉尼;

亚当·沃伊特(Adam Voigt),教育专家,澳大利亚墨尔本;

亚伦·布罗迪(Alan Brodie),亚伦·布罗迪代表处,英国伦敦;

安德鲁·莫雷洛(Andrew Morello),黄砖路公司企业发展主任,澳大利亚悉尼;

阿努克·拉戈尔(Anouk Lagae),督威,比利时布鲁塞尔;

安东尼·杰伊(Antony Jay)爵士,作家、高级维多利亚勋位爵士、英帝国二等勋位爵士,英国;

布拉德里·特雷弗·格里夫(Bradley Trevor Greive),畅销书《你今天心情不好吗?》(The Blue Day Book)作者,美国洛杉矶;

布雷特·金(Brett King),莫文软件(Moven)[①],美国纽约;

---

① 手机银行软件。——译者注

致 谢

邦妮·韦尔（Bronnie Ware），《临终前最后悔的五件事》(The Top Five Regrets of the Dying)作者，澳大利亚悉尼；

奇普·贝尔（Chip Bell），客户忠诚度权威机构，美国格林斯伯勒；

克里斯·海尔德（Chris Helder），国际主旨演讲者，畅销书《有用的信念》(Useful Belief)、《终极影响之书》(The Ultimate Book of Influence)、《降低噪音》(Cut the Noise)作者，澳大利亚墨尔本；

科里·穆斯卡拉（Cory Muscara），国际教师兼正念演讲人，"奥兹医生秀"常驻嘉宾，美国纽约；

克里尔·普赖斯（Creel Price），投资力公司（Investable），澳大利亚悉尼；

丹·戴蒙德（Dan Diamond），医学博士和恢复专家，美国布雷默顿；

大卫·比东（Bitton），比东咖啡，澳大利亚悉尼；

德莫特·克劳利（Dermot Crowley），执行生产力专家，《聪明的工作和聪明的团队》(Smart Work and Smart Teams)作者，澳大利亚悉尼；

弗兰克·里伯特（Frank Ribuot），任仕达（Randstad）首席执行官，澳大利亚悉尼；

霍利·兰塞姆（Holly Ransom），联合国G20青年领袖峰会新兴首席执行官兼联合主席，澳大利亚墨尔本；

加布里埃尔·多兰（Gabrielle Dolan），讲述商业故事的权威，"周五无行话"（*Jargon Free Fridays*）创始人，《工作的故事》（*Stories for Work*）作者，澳大利亚墨尔本；

加里·皮塔德（Gary Pittard），皮塔德培训公司创始人，澳大利亚悉尼；

格雷格·拉克斯顿（Greg Laxton）上尉，澳大利亚皇家海军，澳大利亚悉尼；

艾琳·里德（Irene Read），BBC全球销售总监；

詹姆斯·阿尔瓦尼塔基斯（James Arvanitakis），西悉尼大学副校长（分管研究和研究生），澳大利亚悉尼；

杰米·普莱德（Jamie Pride），技术专家、创业家，《独角兽的

致　谢

眼泪》作者，澳大利亚悉尼；

亚尼内·盖纳（Janine Garner），社交、合作与领导力专家，《你所知道的人》（It's Who You Know）作者，澳大利亚悉尼；

杰森·佛莱斯特（Jason Forrest），FPG首席执行官，美国沃斯堡；

杰森·福克斯博士（Dr Jason Fox），克莱福尼斯公司领军人物，曾获"年度主旨演说家"称号，领导力与激励设计先驱，澳大利亚墨尔本；

乔纳森·琳（Jonathan Lynn），导演、制作人、作家、演员，英国巴斯；

杰弗瑞·海兹勒特（Jeffrey Hayzlett），高管联盟，美国纽约和南达科他；

凯伦·美利克与罗伊·美利克，汽车贸易协会（MTA），澳大利亚昆士兰；

莱恩·比切里（Layne Beachley AO），世界冲浪冠军，澳大利亚悉尼；

利比·特里克特（Libby Trickett OAM），奥运会游泳运动员和金牌获得者，澳大利亚布里斯班；

丽萨·马森哲（Lisa Messenger），集合站（Collective Hub）创始人&主编，澳大利亚悉尼；

丽萨·奥尼尔（Lisa O'Neill），演说家、作家、意见领袖，新西兰；

丽萨·罗森（Lisa Roson），澳大利亚旅游局，澳大利亚悉尼；

马里恩·法雷利（Marion Farrelly），绝对法雷利（Absolutely Farrelly），澳大利亚悉尼；

马可·马修斯（Mark Mathews），大浪冲浪者，澳大利亚；

马丁·麦基（Martin Mackay），CA技术公司亚太和新加坡总经理；

马歇尔·戈德史密斯（Marshall Goldsmith），马歇尔·戈德史密斯公司，美国圣塔菲；

玛蒂娜·杰威尔（Matina Jewell），联合国维和人员，澳大利亚金斯克里夫；

马特·切奇（Matt Church），思想领袖创始人和主席，《思想领袖，放大器，下一个》（*Thought Leaders, Amplifiers, Next*）与《思

考》（Think）作者，澳大利亚悉尼；

迈克·亨德森（Michael Henderson），工作文化者，新西兰奥克兰；

迈克·史密斯（Michael Smith），2016年澳大利亚年度探险者，太阳剧院所有者，澳大利亚亚拉维尔；

米歇尔·托夫特，苹果品牌粉红女郎（Pink Lady Apples），英国伦敦；

娜塔莉·菲尔德（Natalie Field），澳大利亚邮政，澳大利亚墨尔本；

尼尔·希尔福德（Neil Hereford），联邦银行环境市场全球总监，英国伦敦；

尼尔·普拉姆里奇（Neil Plumridge），普华永道咨询管理合伙人，澳大利亚墨尔本；

尼克·考德瑞（Nick Cowdery），退休检察官、前专门律师和代理审判员，澳大利亚悉尼；

奥斯卡·特里波利（Oscar Trimboli），《深度聆听》（Deep

Listening）与《突破》(Breakthroughs）作者，澳大利亚悉尼；

皮特·贝恩斯（Peter Baines），涉水之人组织（Hands Across The Water），澳大利亚悉尼和泰国；

皮特·库克（Peter Cook），思想领袖商业学校首席执行官，澳大利亚墨尔本；

皮特·谢瀚（Peter Sheahan），克里金斯集团创始人和首席执行官，美国丹佛；

菲利普·迪贝拉（Phillip Di Bella），迪贝拉咖啡，新西兰皇后镇；

理查德·迪克雷斯尼（Richard de Cresigny），飞行员，《QF32飞吧！》(QF32 and Fly!）作者；

理查德·菲尔德（Richard Field），非洲万岁集团（Viva Africa Group），毛里求斯路易港；

斯考特·贝尔斯（Scott Bales），创新实验室，新加坡；

沙普·哈科恩（Shep Hyken），哈科恩客户服务专家，美国圣路易斯；

致 谢

史蒂芬·科克莱斯（Stephen Koukoulas），经济学家、澳大利亚总理前经济顾问，澳大利亚堪培拉；

托尼·哈里斯（Tony Harris），托尼·哈里斯商业方案公司，澳大利亚悉尼；

特伦特·英尼斯（Trent Innes），Xero软件公司，澳大利亚墨尔本。

我们还要感谢诸多客户及其团队，非常有幸能够与你们共事，感谢演讲团使我们的信息得以与全世界的听众分享，感谢思想领袖团体和英国广播电视台，当然还要感谢为我们提供时间、精力和欢声笑语的广大观众。

感谢我们的业务经理妮可拉·卢滕伯格（Nicola Ruitenberg），感谢您让我们能够步上正轨并始终支持我们。

感谢阿里·邱，谢谢您以周到、睿智且不失幽默的方式对本书进行编辑。

感谢杰出的摄影师奥利·桑森（Oli Sansom）为本书提供的封面照片。

感谢威利出版团队：露西·雷蒙德（Lucy Raymond）、克里斯·萧腾（Chris Shorten）、英格里德·邦德（Ingrid Bond）、玛丽-安娜·苏坦妮（Marie-Anna Sultani）、蕾妮·奥里斯（Renee Aurish）、马库斯·泰勒（Markus Taylor）、鲍尔·艾什力（Paul Ashley）、克莱尔·道达尔（Clare Dowdell），感谢你们使这本书得以成功面世。

  最后，感谢一直支持我们的家人和朋友：盖里、达西、唐尼、迈克、乔蒂&布朗温和凯莉安、莉拉、布莱恩、布鲁斯&西蒙，谢谢你们！